Schmidt/Schmidt

Kinder- und Jugendhilferecht

2. Auflage 2007

ISBN 978-3-86724-080-2

2. Auflage 2007

Bezug über den Buchhandel oder direkt vom Verlag
Niederle Media
48341 Altenberge
Fax (02505) 93 98 99
E-Mail: info@niederle-media.de
www.niederle-media.de

Druck:
OPOLgraf SA

▶ Inhalt

▶ Kinder- und Jugendhilferecht

▶ Was dieses Skript für Dich tun kann

Dieses Skript ist gedacht als Einführung in die Grundstrukturen des Kinder- und Jugendhilferechts und berücksichtigt dabei insbesondere die Neuerungen des **Kinder- und Jugendhilfeweiterentwicklungsgesetzes (KICK)**, das am 01.10.2005 in Kraft getreten ist.

Das Skript wendet sich vornehmlich an Studierende der Sozialen Arbeit und Sozialpädagogik, aber auch an Studierende der Rechtswissenschaften und Praktiker, die sich mit dieser Thematik befassen wollen bzw. müssen. Anhand praxisbezogener Fallbeispiele werden hier die prüfungsrelevanten Themen des Kinder- und Jugendhilferechts dargestellt, so dass ein Nachbereiten des in den Vorlesungen behandelten Stoffs ermöglicht wird. Das Skript konzentriert sich allein auch schon deshalb auf die wesentlichen Regelungen des Kinder- und Jugendhilferechts, weil nicht alle Paragrafen des Achten Sozialgesetzbuchs (SGB VIII) von gleicher Bedeutung sind.

Die Schwerpunkte dieses Skripts liegen

- in der Erörterung allgemeiner Grundlagen des Kinder- und Jugendhilferechts,
- in der Darstellung der Leistungen und anderen Aufgaben des SGB VIII sowie
- verschiedenen Einzelaspekten des Kinder- und Jugendhilferechts wie Datenschutz, Zuständigkeitsregelungen und Kosten.

Das Skript hat nicht den Anspruch, ein umfangreiches Lehrbuch zu ersetzen: Es ist als sinnvolle Ergänzung gedacht, die einen ersten Einstieg in die Materie ermöglicht und zur schnellen Wiederholung kurz vor der Prüfung dient.

Martin Schmidt & Manuela Schmidt

Erster Teil: Allgemeine Grundlagen

Beachte: Warum verwenden die einen die **Bezeichnung KJHG**, die anderen die Bezeichnung **SGB VIII**? Sind beide Bezeichnungen identisch? Die Antwort lautet: In *juristischer Hinsicht* sind KJHG und SGB VIII nicht identisch, weil das Sozialgesetzbuch VIII nur aus dem Artikel 1 des Kinder- und Jugendhilfegesetzes (KJHG) besteht. Dieser Artikel 1 ist zwar der zentrale Artikel dieses Gesetzes, aber eben nicht der einzige, sondern der erste von insgesamt 20 Artikeln, in denen vor allem diverse Übergangsvorschriften und Anpassungen anderer Gesetze an die neuen Rechtsbegriffe geregelt wurden. Die Antwort muss aber auch lauten: *Alltagssprachlich* sind die Bezeichnungen KJHG und SGB VIII identisch. Für das vorliegende Skript wird die Bezeichnung **SGB VIII** verwendet!

„Jeder Mensch hat ein Recht auf Förderung seiner Entwicklung und auf Erziehung zu einer eigenverantwortlichen und gemeinschaftsfähigen Persönlichkeit“ (§ 1 Abs. 1 SGB VIII – Kinder- und Jugendhilfe). Welche Bedeutung hat das Recht im Allgemeinen und das Kinder- und Jugendhilferecht im Besonderen für die Sozialarbeit/Sozialpädagogik? Warum besteht bei der Durchsetzung dieses Anspruchs eine Notwendigkeit staatlicher Betätigung im Bereich der Erziehung von Kindern und Jugendlichen? Was genau ist unter Kinder- und Jugendhilfe zu verstehen? Welche Aufgaben und Ziele hat die Kinder- und Jugendhilfe zur Sicherstellung dieses Anspruchs? Wie ist das Kinder- und Jugendhilferecht i. S. d § 1 Abs. 1 SGB VIII definiert? Diese und andere Grundfragen werden in diesem ersten Abschnitt im Überblick erörtert.

A. Die Zusammenhänge von Recht und Sozialarbeit/Sozialpädagogik

Wie eingangs erwähnt, ist dieses Skript als Einführung in die Grundlagen des Kinder- und Jugendhilferechts gedacht. Anders formuliert: Ziel des Skripts ist es nicht, Sozialarbeiter/Sozialpädagogen zu professionellen Juristen zu machen. In diesem Zusammenhang stellt sich die Frage, welchen Stellenwert nun das Recht im Allgemeinen und das Kinder- und Jugendhilferecht im Besonderen für das Studium und die spätere praktische Tätigkeit im Sozialwesen hat.

I. Die Bedeutung des Rechts für das Studium und die praktische Tätigkeit im Sozialwesen

Es gibt nur wenige berufliche Tätigkeiten für ausgebildete Sozialarbeiter/-innen und Sozialpädagogen/-pädagoginnen, in denen rechtliche Fragen und Probleme keine oder so gut wie keine Rolle spielen – in anderen Bereichen, wie bei Tätigkeiten im Jugend- oder Sozialamt, gehören sie mit zum Kernbereich beruflichen Könnens. Eine spätere Tätigkeit in diesem Berufsfeld ist daher ohne ein rechtliches Basiswissen kaum denkbar. Daraus ergibt sich die Notwendigkeit, Rechtskenntnisse im Rahmen der Ausbildung zu erwerben. Dies entspricht auch den Anforderungen, die die Fachhochschulen bzw. Fachbereiche für Sozialwesen an ihre Studenten/-innen stellen.

II. Besonderheiten des Kinder- und Jugendhilferechts

Eine Besonderheit des Kinder- und Jugendhilferechts besteht darin, dass - anders als in anderen Rechtsgebieten – oft außerjuristische Überlegungen miteinfließen. Der Grund hierfür liegt in der Struktur des SGB VIII: Es bezieht sich auf die soziale Realität und stellt den Rahmen für vornehmlich sozialpädagogisches Handeln dar. Deswegen muss es mit entsprechend weiten Begriffen arbeiten.

Durch den Schutzauftrag des Staates, der primär durch die Eltern, im Einzelfall aber im Interesse des Kindes oder Jugendlichen auch von Amts wegen erfüllt werden muss, unterscheidet sich die öffentliche Kinder- und Jugendhilfe von allen anderen Sozialleistungsträgern. Sie hat deshalb einen komplexen Auftrag, der später noch im Einzelnen dargestellt wird. Die Formen der Hilfen reichen von Beratung, Einzelbetreuung, sozialpädagogischer Familienhilfe über Unterbringung von Kindern außerhalb der eigenen Familie bis hin zur Jugendgerichtshilfe und zur Bearbeitung von Familienrechtssachen. In diesem Zusammenhang müssen so viele Rechtskenntnisse und Anwendungskompetenz vorhanden sein, dass sich der Sozialarbeiter/Sozialpädagoge in dem umfangreichen Handlungsfeld zurechtfindet.

B. Die Notwendigkeit staatlicher Betätigung im Bereich der Erziehung von Kindern und Jugendlichen

Warum besteht die Notwendigkeit einer öffentlichen, d. h. staatlichen Zuständigkeit in einem Bereich, der primär den Eltern garantiert ist? Eine durch Forschungsergebnisse nachgewiesene Veränderung der Aufwachsbedingungen von Kindern und Jugendlichen (s. insbes. Ulrich Beck: Risikogesellschaft, Frankfurt a.M., 1986) besteht darin, dass bestimmte öffentliche bzw. gesellschaftliche Einflussfaktoren dem familiären Bereich weitgehend entzogen sind. Durch diese Verschiebung verbleibt die Erziehung von Kindern und Jugendlichen nicht mehr allein in der Verantwortung der Familien, sondern ist auch eine Frage der öffentlichen Verantwortung. Während die private Verantwortung nach wie vor in den Händen der Familie liegt, wird der öffentliche Beitrag von den Einrichtungen der Kinder- und Jugendhilfe geleistet. Um diesen öffentlichen Beitrag geht es im Rahmen dieses Einführungsskriptes.

C. Der Begriff der Kinder- und Jugendhilfe

Kinder- und Jugendhilfe ist ein Sammelbegriff für Hilfs- und Fördermaßnahmen in Erziehungsfeldern außerhalb von Familie, Schule und Berufsausbildung sowie – unterstützend – innerhalb dieser Erziehungsfelder.

Rechtsgrundlage für das Kinder- und Jugendhilferecht ist ab 01.01.1991 das Sozialgesetzbuch Achtes Buch – Kinder und Jugendhilfe (SGB VIII) vom 26.06.1990 (BGBl. I S. 1163). Als Teil des SGB ist das Kinder- und Jugendhilferecht dem **öffentlichen Recht**, genauer gesagt dem **Sozialverwaltungsrecht** zuzuordnen. Die Kinder- und Jugendhilfe ist unter dem Stichwort „öffentliche Fürsorge“ in Art. 74 Abs. 1 Nr. 7 GG bei der konkurrierenden Gesetzgebung angesprochen, für die nach Art. 72 GG der Bund von seiner Gesetzgebungszuständigkeit Gebrauch gemacht hat.

D. Überblick über das SGB VIII

Nachfolgend soll ein Überblick über den Regelungsbereich des SGB VIII gegeben werden: Das SGB VIII ist ein Instrument zur Vorbeugung, zur Hilfestellung und zum Schutz von Kindern und Jugendlichen. Dem Gesetz liegt ein neues Verständnis von Kinder- und Jugendhilfe zugrunde. Im Vordergrund stehen die **Förderung der Entwicklung junger Menschen und die Integration in die Gesellschaft durch allgemeine Förderungsangebote und Leistungen in unterschiedlichen Lebenssituationen**. Das SGB VIII trat in den neuen Bundesländern am 03. Oktober 1990 und in den alten Bundesländern am 01. Januar 1991 in Kraft. Es löste mit seinem Inkrafttreten das **Jugendwohlfahrtsgesetz der Bundesrepublik Deutschland (JWG)** von 1961 ab.

Beachtet man die Entwicklung des Jugendhilferechts in der Bundesrepublik Deutschland, so zeichnet sich das SGB VIII gegenüber seinem Vorläufer – dem JWG – vor allem durch einen **Abbau repressiver Maßnahmen und eine Ausweitung der Förderungsangebote und präventiven Leistungen** aus. Im SGB VIII wir der Charakter des Ordnungs- und Eingriffsrechts zugunsten einer ausgeprägten **(Dienst-)Leistungsorientierung** zurückgedrängt. Das bedeutet vor allem, dass in den einzelnen Bestimmungen des neuen Gesetzes hoheitliche und repressive Eingriffe in die Belange und Entscheidungsfreiheiten von Eltern und Kindern eine deutlich verringerte Rolle spielen; gestärkt wurden:

- der Angebots- und Leistungscharakter der Maßnahmen und Angebote der Kinder- und Jugendhilfe

  Beispiel 1: Jugendarbeit, Jugendsozialarbeit, Hilfen zur Erziehung

- sowie die Beteiligungsrechte von Eltern, Kindern und Jugendlichen

  Beispiel 2: Wunsch- und Wahlrecht, Beteiligungsrechte, Datenschutz.

Das SGB VIII hat seit seinem In-Kraft-Treten diverse gesetzliche Änderungen erfahren. Bedeutsam sind dabei vor allem:

- 1992: die Schaffung eines Rechtsanspruchs auf einen Kindergartenplatz durch das Schwangeren- und Familienhilfegesetz;
- 1993: die Ausweisung der Eingliederungshilfen für seelisch behinderte Minderjährige als Leistungen der Jugendhilfe;
- 1994: die Klarstellung, dass die Vorschriften des SGB VIII Vorrang gegenüber anderen Datenschutzbestimmungen habe;
- 1996: die Begrenzung des Anstiegs der Leistungsentgelte in Heimen und teilstationären Einrichtungen;
- 1998: die Abschaffung der gesetzlichen Amtspflegschaft für nichteheliche Kinder und Einführung einer neuen Beistandschaft für Kinder von allein sorgeberechtigten Eltern;
- 1998: das Kindschaftsreformgesetz;
- 1998: das Gesetz zur Vereinheitlichung des Unterhalts minderjähriger Kinder;
- 2000: das Gesetz zur Ächtung der Gewalt in der Erziehung und
- 2001: durch die Schaffung des SGB VIII IX (Rehabilitation und Teilhabe behinderter Menschen).

- Am **08.07.2005** hat der Bundesrat einstimmig dem **Gesetz zur Weiterentwicklung der Kinder- und Jugendhilfe (KICK)** zugestimmt; das Gesetz wurde im Bundesgesetzblatt veröffentlicht (BGBL. I Nr. 57, S. 2729 ff.) und ist am **01.10.2005** in Kraft getreten.

Hinweis: Das Bundesjugendministerium hat den gesamten Gesetzestext des SGB VIII unter Berücksichtigung der ab 01.10.2005 geltenden Änderungen des KICK zur Verfügung gestellt. Der Text kann unter folgendem Link aufgerufen bzw. heruntergeladen werden:

http://www.bmfsfj.de/Kategorien/Publikationen/Publikationen,did=3578.html

Eine Gegenüberstellung des alten und des neuen Gesetzestextes des SGB VIII (Synopse) ist unter folgendem Link zu finden:

http://www.dijuf.de/german/Fachinfo.html

Das Gesetz enthält in erster Linie Änderungen des SGB VIII und zielt auf die Verbesserung des Schutzes von Kindern und Jugendlichen bei Gefahren für ihr Wohl, die Stärkung der Steuerungsverantwortung des Jugendamts, eine Verbesserung der Kinder- und Jugendhilfestatistik, die Verbesserung der Wirtschaftlichkeit durch stärkere Realisierung des Nachrangs, die Verwaltungsvereinfachung durch Neuregelung der Kostenheranziehung sowie die Weiterentwicklung der Regelungen zum Sozialdatenschutz und ihre Anpassung an das europäische Recht. Ferner unterstützt es die durch das Tagesbetreuungsaufbaugesetz (TAG) initiierte Verbesserung der Kinderbetreuung.

Die Änderungen des SGB VIII durch das KICK wurden an den entsprechenden Stellen dieses Skripts berücksichtigt und durch den Zusatz SGB VIII **n. F.** (= neue Fassung) kenntlich gemacht. Zu beachten ist, dass wegen des Umfangs und der Komplexität der insgesamt 58 Änderungen nur diejenigen berücksichtigt werden konnten, die im besonderen Maße praxisrelevant sind.

E. Aufgaben und Ziele der Kinder- und Jugendhilfe

Der öffentliche Beitrag der Kinder- und Jugendhilfe besteht darin, die Entwicklung junger Menschen zu fördern und ihre Erziehung zu einer eigenverantwortlichen und gemeinschaftsfähigen Persönlichkeit zu **unterstützen** und zu **ergänzen**. Die Kinder- und Jugendhilfe stellt somit **keinen Ersatz** für die elterliche Erziehungsverantwortung dar, sondern soll diese vielmehr stärken.

Die Kinder und Jugendhilfe hat einen komplexen Auftrag. Die Bundesarbeitsgemeinschaft der Landesjugendämter definiert Kinder- und Jugendhilfe wie folgt: „Kinder- und Jugendhilfe dient ihrem Auftrag und Verständnis nach in einem umfassenden Sinn der Förderung, Bildung, Erziehung und Betreuung junger Menschen und ihrer Familien. Sie findet ihre Aufgaben überall dort, wo das Aufwachsen von Kindern in der Familie einer Ergänzung oder einer besonderen Unterstützung bedarf oder die Eigenkräfte der Familie nicht ausreichen, die altersgemäße individuelle und soziale Entwicklung von Kindern zu ermöglichen und Gefährdungen für ihr Wohl anzuwenden.“

I. Ziele der Kinder- und Jugendhilfe

Als Ziele der Kinder- und Jugendhilfe lassen sich festhalten:

- Junge Menschen in ihrer individuellen und sozialen Entwicklung zu fördern,
- Benachteiligungen zu vermeiden und abzubauen,
- Eltern bei der Erziehung zu beraten und zu unterstützen,
- Kinder- und Jugendliche vor Gefahren zu schützen,
- positive Lebensbedingungen für junge Menschen und ihre Familien zu schaffen sowie
- eine kinder- und familienfreundliche Umwelt zu schaffen und zu erhalten.

II. Aufgaben der Kinder- und Jugendhilfe

Die Aufgaben der Kinder- und Jugendhilfe (§ 2 SGB VIII) sind in zwei große Blöcke aufgeteilt,

- die Leistungen der Kinder- und Jugendhilfe (§§ 11 bis 41 SGB VIII) und
- die anderen Aufgaben (§§ 42-60 SGB VIII).

Die Leistungen sind Sozialleistungen im Sinne der §§ 1 ff. SGB I. Innerhalb der Sozialleistungen kann unterschieden werden zwischen solchen Leistungen, auf die individuelle Rechtsansprüche der Leistungsberechtigten bestehen, und solchen Leistungen, zu deren Bereitstellung der örtliche Träger zwar verpflichtet ist, bei deren Ausgestaltung er aber einen **Ermessensspielraum** hat.

F. Verfassungsrechtliche Grundlagen der Kinder- und Jugendhilfe

Kinderrechte oder auch Rechte für Kinder als Ergebnis einer auf das Wohl des Kindes orientierten Politik haben in Deutschland eine lange Tradition. Wir finden sie verstreut in der gesamten Rechtsordnung, konzentriert in den Bereichen des Kindschaftsrechts, des Kinder- und Jugendhilferechts, des Kinder- und Jugendschutzes, aber auch im Sexualstrafrecht.

Das Fundament all' dieser Regelungen bildet unsere **Verfassung – das Grundgesetz (GG).** Das Grundgesetz ist das Gesetz mit dem höchsten Rang in unserer Rechtsordnung. Das heißt: Das, was das Grundgesetz vermittelt, ist vorrangig vor jedem Gesetz, jeder Verordnung, jeder Satzung, jeder ministerialen oder kommunalen Richtlinie. Dies hat zur Folge, dass beispielsweise auch die einfachgesetzlichen Vorschriften des Kinder- und Jugendhilfegesetzes im Lichte der Verfassung zu interpretieren sind. Dabei hat die Verfassung für alle diejenigen, die für den Staat tätig sind, eine besondere Bedeutung, denn jegliche staatliche Gewalt – so sagt es Art. 1 Abs. 3 GG – ist an die Verfassung gebunden. Und nicht nur die Gerichte, also insbesondere die Familiengerichte, sondern auch das Jugendamt zählen in diesem Sinne zum „Staat".

Zunächst sollen die verfassungsrechtlichen Normen in den Blick genommen werden, die im vorliegenden Zusammenhang von Bedeutung sind. Dies sind insbesondere die **Grundrechte**, allen voran Art. 1 Abs. 1 GG, Art. 2 Abs. 1 GG und Art. 6 Abs. 2 S.1 und S. 2 GG. Vgl. zu den Grundrechten auch das Skript „Basiswissen Staatsrecht II".

I. Exkurs: Grundrechte

Grundrechte sind verfassungsmäßig verbürgte, d.h. von der Verfassung verliehene und garantierte individuelle Rechte. Sie binden **unmittelbar den Staat** (Art. 1 Abs. 3 GG).

Die Grundrechte sind im Grundrechtskatalog der Art. 1 bis 19 GG geregelt. Außerdem sind an anderen Stellen des GG Vorschriften enthalten, die den Grundrechten gleichgestellt sind. Eine vollständige Aufzählung dieser grundrechtsgleichen Rechte befindet sich in Art. 93 Abs. 1 Nr. 4 a GG.

Aufgrund ihrer geschichtlichen Entwicklung sind Grundrechte primär **Abwehrrechte** des Einzelnen gegen den Staat. Sie begrenzen die Macht des Staates gegenüber dem Einzelnen - der Staat darf nicht beliebig über seine Bürger verfügen.

Mittelbar wirken die Grundrechte als „objektive Wertordnung“ auch auf die Rechtsbeziehungen des Privatrechts. Die Generalklauseln des BGB (z.B. § 826 BGB) müssen **grundrechtskonform** ausgelegt werden. Diese **mittelbare Drittwirkung** der Grundrechte ist jedoch weitaus schwächer ausgeprägt als die unmittelbare Bindung der Staatsgewalten an die Grundrechte.

Nach ihrer Zielrichtung können die Grundrechte des GG in verschiedene Gruppen eingeteilt werden. Nach ihrem Hauptzweck lassen sich Freiheitsgrundrechte, Gleichheitsgrundrechte und Teilhaberechte unterscheiden. Die **Freiheitsgrundrechte** zielen primär auf ein staatliches Unterlassen ab, wollen also dem Grundrechtsinhaber einen Freiraum gegen staatliche Einwirkungen sichern. Die **Gleichheitsgrundrechte** richten sich dagegen auf ein relatives staatliches Verhalten, d.h. sie haben dann Bedeutung, wenn der Staat in vergleichbaren Konstellationen anders gehandelt hat bzw. ebenso, wie es nun von ihm gefordert wird. Die dritte Gruppe der **Teilhaberechte** gibt dem Bürger einen Einfluss auf staatliches Handeln.

Schema: Grundrechtsarten		
Freiheits- grundrechte	Gleichheits- grundrechte	Teilhabe- rechte

II. Grundrechtlicher Bezug des Kinder- und Jugendhilferechts

Nachfolgend werden die grundrechtlichen Bezüge des Kinder- und Jugendhilferechts im Einzelnen dargestellt:

- Art. 1 Abs. 1 GG (Schutz der Menschenwürde) und Art. 2 Abs. 1 GG (Recht auf Entfaltung der Persönlichkeit) und
- Art. 6 Abs. 2 S. 1 und S. 2 GG (das Elternrecht als Grundrecht).

1. Art. 1 Abs. 1 GG (Schutz der Menschenwürde) und Art. 2 Abs. 1 GG (Recht auf Entfaltung der Persönlichkeit)

Das Bundesverfassungsgericht (BVerfG) hat klar gestellt, dass das Kind ein Wesen mit eigener Menschenwürde und dem eigenen Recht auf Entfaltung seiner Persönlichkeit im Sinne der Art. 1 Abs. 1 sowie Art. 2 Abs. 1 GG ist.

2. Das Elternrecht als Grundrecht (Art. 6 II GG)

Art. 6 Abs. 2 S. 1 und S. 2 GG regeln das Verhältnis von Eltern und Staat bei der Kindererziehung.

a) Funktion der Vorschrift

Art. 6 Abs. 2 GG beruht „auf dem Grundgedanken, dass in aller Regel Eltern **das Wohl des Kindes** mehr am Herzen liegt als irgendeiner anderen Person oder Institution“ (BVerfG 03.11.1982, BVerfGE 61, 358 (371) - Gemeinsames Sorgerecht). Das Elternrecht ist nicht nur ein Grundrecht - ein Freiheitsrecht im Verhältnis zum Staat - sondern auch eine Pflicht der Eltern. Diese Verknüpfung von Rechten und Pflichten der Eltern unterscheidet das Elternrecht von anderen Grundrechten. Dieser Rechte-Pflichten-Kreis wird als „Elternrecht“ bezeichnet. Die Elternverantwortung dient maßgeblich dem Wohl des Kindes und ist „wesentlich ein Recht im Interesse des Kindes.“

b) Schutzbereich

Das Elternrecht umfasst die Pflege, d.h. die Sorge für das körperliche Wohl und die Erziehung, d.h. die Sorge für die seelische und geistige Entwicklung, die Bildung und Ausbildung der minderjährigen Kinder, insgesamt „die umfassende Verantwortung für die Lebens- und Entwicklungsbedingungen des Kindes“. Es umfasst auch die Entscheidung, Dritten die Pflege und Erziehung teilweise zu überlassen. Die im Elternrecht wurzelnden Rechtsbefugnisse nehmen mit fortschreitendem Alter des Kindes ab und erlöschen mit der Volljährigkeit (§ 1626 Abs. 2 BGB; lesen!).

c) Träger des Grundrechts

Grundrechtsträger sind die Eltern je für sich einschließlich der Adoptiveltern, nicht aber die Pflegeeltern. Berechtigt aus Abs. 2 ist auch der nicht Personensorgeberechtigte. Bei nichtehelichen Kindern steht das Grundrecht jedenfalls der Mutter zu, Vätern nur dann, wenn sie ihre elterliche Verantwortung wahrnehmen. Keine Grundrechtsträger sind Großeltern und Vormünder; es sei denn, Großeltern sind zu Vormündern bestellt.

Nach dem Bundesverfassungsgericht verlangt das Kindeswohl, dass das Kind ab seiner Geburt eine Person hat, die für sie rechtsverbindlich handeln kann. Angesichts der Unterschiedlichkeit der Lebensverhältnisse, in die nichteheliche Kinder hineingeboren werden, ist es verfassungsgemäß, es bei seiner Geburt sorgerechtlich grundsätzlich der Mutter zuzuordnen (BVerfG, Urteil vom 29. Januar 2003, Az.: 1 BvL 20/99).

Die den Eltern eröffnete Möglichkeit einer gemeinsamen Sorgetragung mache unter Kindeswohlgesichtspunkten den elterlichen Konsens über die gemeinsame Sorgetragung zu deren Voraussetzung. Damit werde dem Elternrecht des Vaters eines nichtehelichen Kindes aus Art. 6 Abs. 2 GG ausreichend Rechnung getragen. Das Kindeswohl verlange, dass das Kind ab seiner Geburt eine Person habe, die für das Kind rechtsverbindlich handeln kann. Angesichts der Unterschiedlichkeit der Lebensverhältnisse, in die nichteheliche Kinder hineingeboren werden, sei es gerechtfertigt, das Kind bei seiner Geburt sorgerechtlich grundsätzlich der Mutter und nicht dem Vater oder beiden Elternteilen gemeinsam zuzuordnen. Nur die Übertragung der elterlichen Sorge zunächst allein auf die Mutter sichere dem Kind von Anfang an einen feststehenden Sorgerechtsträger.

Beispiel 3: Frau A und Herr B leben in einer nichtehelichen Lebensgemeinschaft, aus der das Kind C hervorgegangen ist. Nach § 1626 a Abs. 2 BGB hat A als Mutter die elterliche Sorge für C. A wirft B nach der Geburt von C ständig vor, dass er sich nicht ausreichend um das gemeinsame Kind kümmere. Es kommt immer häufiger zu Auseinandersetzungen zwischen A und B, die eines Tages dazu führen, dass B sich von A trennt und aus der gemeinsamen Wohnung auszieht. Als B bei wichtigen Entscheidungen, die C betreffen, von A nicht einbezogen wird, ist er sehr erbost. A stellt sich auf den Standpunkt, dass B sich von Anfang an nicht um C gekümmert habe. Sie verweist auf ihr alleiniges Sorgerecht, er könne regelmäßig Kontakt zu C haben, dies müsse ausreichen.

Er könne sich jedoch abschminken, das gemeinsame Sorgerecht für C zu erwerben. Dem würde sie unter den gegebenen Umständen niemals zustimmen. B lässt sich anwaltlich beraten und erfährt, dass nach der klaren gesetzlichen Regelung des § 1626 a Abs. 2 BGB die Mutter eines Kindes unverheirateter Eltern die alleinige elterliche Sorge habe. B ist der Auffassung, eine solche Regelung gehe zu Lasten der Kindesväter und könne wohl kaum in Einklang mit der Verfassung stehen. Hat B Recht?

Lösung: Der Rechtsanwalt muss B darüber aufklären, dass die Regelung des § 1626 a Abs. 2 BGB verfassungsgemäß ist. Er muss B auf die Möglichkeit der Einrichtung des gemeinsamen Sorgerechts verweisen, die jedoch des Einverständnisses der A bedarf. Damit wird dem Elternrecht des Kindesvaters aus Art. 6 Abs. 2 GG nach der Rechtsprechung des BVerfG in ausreichendem Maße Rechnung getragen. Falls A auch weiterhin hartnäckig ihr Einverständnis zur Einrichtung des gemeinsamen Sorgerechts verweigert, verbleibt die alleinige elterliche Sorge bei ihr und B muss sich mit dem Umgangsrecht zufrieden geben.

Klausurtipp: Die Entscheidung des BVerfG vom 29. Januar 2003, Az.: BvL 20/99 sollte in Grundzügen bekannt sein. Auch für das familienrechtliche Basiswissen ist die Kenntnis dieser Entscheidung erforderlich, da sie grundlegend die gesetzliche Sorgerechtsregelung betrifft. Als Hintergrund zu dieser Entscheidung ist es wissenswert, dass mit der Kindschaftsreform vom 01.07.1998 das Sorgerecht für nichteheliche Kinder neu geregelt wurde. Das BVerfG hatte sich mit der Verfassungsmäßigkeit der Neuregelung zu befassen.

Entscheidungen zum Elternrecht

🕮 BVerfGE 24, 119 ff; BVerfGE 34, 165 ff.; 184 ff.; BVerfGE 56, 363 ff.

d) Das Wächteramt des Staates (Art. 6 Abs. 2 S. 2 GG)

Aus Art. 6 Abs. 2 S. 2 GG ergibt sich, dass der Staat die Pflicht hat, darüber zu wachen, dass die Eltern ihr Erziehungsrecht zum Wohl des Kindes ausüben.

aa) Der Inhalt des staatlichen Wächteramts

Die Übertragung des **staatlichen Wächteramts** geschieht aufgrund des besonderen Schutzbedürfnisses des Kindes (BVerfGE 24, 119 (114)), mithin zur Wahrung des verfassungsrechtlich verankerten Kindeswohls. „Staatliche Gemeinschaft" ist in diesem Sinne im jeweiligen Kompetenzbereich Bund, Land oder Stadt/Kreis/Gemeinde einerseits und Legislative, Exekutive (insbesondere das Jugendamt) und Judikative (insbesondere das Familiengericht) andererseits.

Unter **engen Voraussetzungen** kann das Kindeswohl sogar den **Verlust des Elternrechts** rechtfertigen:

Beispiel 4: Frau F hat ihren Ehemann bei einem Verkehrsunfall verloren. Nach dem Tod ihres Mannes verfällt F in eine Depression und verbringt längere Zeit in einer psychiatrischen Klinik. Tochter T wächst in dieser Zeit bei ihren Schwiegereltern auf. Als F wieder heiratet, holt sie das inzwischen siebenjährige Kind zu sich, bringt es aber nach einem Jahr wieder zu den Schwiegereltern zurück, weil das Zusammenleben nicht funktioniert. Die Großeltern wollen nunmehr für die Zukunft eine klare Regelung treffen und entschließen sich, T zu adoptieren. F ist zunächst damit einverstanden, verweigert jedoch schließlich ihre Einwilligung. Das Vormundschaftsgericht möchte die Einwilligung ersetzen, weil die Mutter ihre Pflichten schuldhaft verletzt habe, die Einwilligung böswillig verweigere und weil das Wohl des Kindes die Adoption verlange. Der Rechtsanwalt R, der F vertritt, ist entsetzt über die beabsichtigte Entscheidung des Vormundschaftsgerichts. Die Ersetzung der Einwilligung der Kindesmutter sei nicht zulässig. Hat R mit dieser Auffassung Recht?

Lösung: Das *BVerfG* (E 24, 119/144 f) bejaht die Möglichkeit der Ersetzung der Einwilligung. Damit übt der Staat sein Wächteramt aus. In den Wesensgehalt des Elternrechts greife er dabei nicht ein; die wahren Eltern seien hier nicht die natürlichen, sondern die Adoptiveltern. Das Vormundschaftsgericht könnte somit die Einwilligung der F ersetzen. *Ergänzender Hinweis:* Die Trennung des Kindes von seinen Eltern ist der stärkste Eingriff in das Elternrecht und allein unter den Voraussetzungen des Art. 6 Abs. 3 GG zulässig (E 72, 122/137). Das muss auch für die Adoption eines Kindes gegen den Willen der Eltern gelten (E 24, 119/139ff). Die zwangsweise Adoption trennt das Kind nicht einfach von den „falschen" Eltern, um es den „wahren" zu geben. Bis zur Trennung sind die natürlichen Eltern die einzigen Eltern; die zwangsweise Adoption muss daher durch *drohende Verwahrlosung* gerechtfertigt werden können.

bb) Grenzen der staatlichen Eingriffsbefugnisse

Das staatliche Wächteramt dient der Verhütung von Verletzungen des Kindeswohls (BVerfGE 10, 59 (84)). Das Kindeswohl ist damit die Richtschnur für den Auftrag des Staates aus Art. 6 Abs. 2 S. 2 GG (BVerfGE 24, 119 (144 f.)). Wie bereits ausgeführt wurde, hat die Kinder- und Jugendhilfe im Hinblick auf die elterliche Erziehungsverantwortung eine stärkende, unterstützende und ergänzende Funktion. Andererseits hat der Staat nach Art. 6 Abs. 2 GG die Aufgabe, über die elterliche Erziehungsverantwortung zu wachen und die Kinder und Jugendlichen vor Gefahren für ihr Wohl zu schützen.

Durch diese Konstellation entsteht das Spannungsverhältnis **Minderjährige-Eltern-Staat**, das folgende Frage aufwirft: In welchem Umfang darf das staatliche Wächteramt ausgeübt werden, d.h. inwieweit setzt das Elternrecht aus Art. 6 Abs. 2 S. 1 GG staatlichen Eingriffen in das Eltern-Kind-Verhältnis Grenzen?

(1) Art. 6 Abs. 3 GG

Eine Antwort auf diese Frage enthält zum einen Art. 6 Abs. 3 GG. Danach darf ein Kind gegen den Willen der Eltern von diesen nur getrennt werden, wenn diese ihre Erziehungsverantwortung nicht erfüllen oder die Kinder aus anderen Gründen zu verwahrlosen drohen. Diese Regelung bestätigt, dass es bei der Ausübung des staatlichen Wächteramts, insbesondere bei der Trennung von Eltern und Kind, nicht darum gehen kann, eine bessere oder optimale Erziehung für das Kind zu gewährleisten, sondern darum, das Kind vor Schaden zu bewahren. Die von der Verfassung geforderte gesetzliche Grundlage findet sich dabei in erster Linie in den §§ 1666, 1666 a BGB sowie den §§ 42, 43 SGB VIII.

(2) Grundsatz der Verhältnismäßigkeit

Zum anderen wird dem staatlichen Wächteramt eine Grenze durch den **Grundsatz der Verhältnismäßigkeit** gesetzt. Dieser Grundsatz wird aus dem Rechtsstaatsprinzip abgeleitet.

(a) Begriff

Der Grundsatz der Verhältnismäßigkeit besagt, dass jeder staatliche Eingriff in Grundrechte – hier in das Elterngrundrecht aus Art. 6 Abs. 2 S. 1 GG

- geeignet (zur Verfolgung des intendierten Zwecks),
- erforderlich (d.h. nicht mit milderem Mittel gleichermaßen effektiv) und
- verhältnismäßig im engeren Sinne (d.h. zumutbar) sein muss.

(b) Bedeutung für das Kinder- und Jugendhilferecht

Dem Grundsatz der Verhältnismäßigkeit ist damit zunächst der grundsätzliche – nicht generelle! – Vorrang der Hilfe vor dem Eingriff zu entnehmen. Dieser lässt sich im Übrigen auch daraus herleiten, dass die Verfassung die Familie unter den besonderen Schutz der staatlichen Ordnung stellt (Art. 6 Abs. 1 GG). Entsprechend ist ein vorrangiges Ziel auch der Erhalt der Funktionsfähigkeit der Familie, was auf der Erwägung beruht, dass ein Kind in der Familie grundsätzlich am besten aufgehoben ist und ihm dort in der Regel alles zuteil wird, was es für sein Wohl benötigt (BVerfGE 52, 214 (217)).

Der Staat hat somit grundsätzlich die vorhandenen helfenden und unterstützenden Maßnahmen auszuschöpfen, um elterliche Defizite auszugleichen, bevor er das Mittel eines weiter gehenden Eingriffs wählt (BVerfGE 60, 79 (95)). Diese Aussage darf jedoch nicht missverstanden werden, denn sie erfährt eine äußerst wichtige Einschränkung! Der Grundsatz der Verhältnismäßigkeit fordert, dass die staatliche Maßnahme in Ausübung des staatlichen Wächteramts geeignet, erforderlich und zumutbar sein muss, um unter Wahrung der grundsätzlichen Subsidiarität des staatlichen Wächteramts gegenüber der elterlichen Wahrnehmung der Pflege- und Erziehungsaufgaben den Schutz des Kindeswohls zu gewährleisten.

Ein Schwerpunkt liegt hier bei der Geeignetheit der Maßnahme: Diese muss ein *brauchbares Mittel* zur Erreichung der von der Verfassung als vorrangig betonten Abwehr der Kindeswohlgefährdung darstellen. Im Ergebnis heißt dies, dass – soweit die Gefahr für das Kindeswohl in dieser Form wirkungsvoll abgewendet werden kann – die Maßnahmen des staatlichen Wächteramts auf die (Wieder-)Herstellung eines verantwortungsbewussten Verhaltens der Eltern und damit des intakten Eltern-Kind-Verhältnisses zu orientieren und gleichzeitig zu beschränken ist (BVerfGE 24, 119 (145)).

Dabei sind Vor- und Nachteile der im Handlungsspektrum des Staates befindlichen Maßnahmen unter dem Blickwinkel des Kindeswohls gegeneinander abzuwägen. Der Staat kann dem staatlichen Wächteramt auch durch die Gewährung familienbegünstigender Leistungen bzw. durch das Angebot freiwilliger Erziehungshilfen entsprechen und dabei auch freie Träger einbeziehen, soweit das verfassungsrechtliche Gebot des Kindeswohls es zulässt.

Reicht jedoch dieses Angebot freiwilliger Maßnahmen nicht aus, hat er in Ausübung des staatlichen Wächteramts die **ultima ratio der sorgerechtsbeschränkenden Intervention** einzuleiten bzw. zu ergreifen. Freilich nur, soweit es aus Gründen der Abwehr der Kindeswohlbeeinträchtigung erforderlich ist, gegebenenfalls aber auch einhergehend mit einer (zunächst grundsätzlich vorläufigen) Trennung des Kindes von den Sorgeberechtigten.

Der Grundsatz der Verhältnismäßigkeit verlangt mithin eine Vorgehensweise des Jugendamts, die auch vom Grad der Kindeswohlgefährdung abhängig ist. Je schwerwiegender die mögliche Kindeswohlbeeinträchtigung ist, desto niedriger sind dabei die Anforderungen an die Gefährdungswahrscheinlichkeit.

cc) Konsequenzen des staatlichen Wächteramts für die praktische Arbeit

Die Aufgabe, die der Gesetzgeber der Kinder- und Jugendhilfe in § 1 Abs. 3 SGB aufgibt, „erweist sich bei näherem Hinsehen als ein anspruchsvoller, hochkomplexer und widersprüchlicher Auftrag“ (Wiesner, in: Mörsberger, Restemeier, Hrsg., 1997, 211 ff.). „Ein Staat, der die elterliche Erziehungsverantwortung ernst nimmt, kann nicht die Garantie dafür bieten, dass Kinder und Jugendliche in jeder Lebenslage vor Gefahren für ihr Wohl geschützt werden. Ein Staat, der einen uneingeschränkten Schutz des Kindes verspricht, kann dies nur um den Preis einer lückenlosen Überwachung individueller Privatheit. Auch wenn im Konfliktfall die Interessen der Eltern Vorrang haben, so ergibt sich aus dieser abstrakten Abwägung für den Einzelfall noch nicht zweifelsfrei, welche Maßnahme auch mittel- und langfristig dem Kindeswohl förderlich ist“ (ebenda, S. 212).

Das Jugendamt steht bei der Ausübung des staatlichen Wächteramts stets vor dem Problem, einerseits nicht verfrüht und nicht mit zu hoher Intensität in elterliche Befugnisse einzugreifen, auf der anderen Seite aber Gefährdungen des Kindeswohls rechtzeitig und effektiv abwehren zu müssen. Dieses Dilemma gewinnt dann an Brisanz, wenn der zuständigen Fachkraft ein Versäumnis vorgeworfen, d.h. ihm zur Last gelegt wird, eine Kindeswohlgefährdung nicht abgewehrt zu haben.

Kommt gar ein Kind zu Tode, stellen sich Fragen nach effizienten Kinderschutzkonzepten und vor allem nach *Garantenpflichten* der Jugendhilfebehörden und ihrer Mitarbeiter, die ein **Unterlassen** im strafrechtlichen Sinne begründen können, wenn ihnen nicht entsprochen wird. Diese Fragen berühren unmittelbar die Ausübung des staatlichen Wächteramts.

(a) Exkurs: Das Unterlassen im strafrechtlichen Sinne

Unterlassungsdelikte sind entweder schlichte „Tätigkeits"delikte, d.h. solche, bei denen das bloße Untätigbleiben unter Strafe gestellt ist – so verhält es sich bei den **echten** Unterlassungsdelikten-, oder sie sind Erfolgsdelikte, d.h. solche, bei denen die Herbeiführung eines bestimmten Erfolgs unter Strafe gestellt ist – so verhält es sich bei den **unechten** Unterlassungsdelikten. Deshalb ist zu unterscheiden zwischen

- echten Unterlassungsdelikten und
- unechten Unterlassungsdelikten.

Bei unechten Unterlassungsdelikten, bei denen die Strafbarkeit daraus folgt, dass der Täter den Erfolg nicht abgewendet hat, steht das Unterlassen dem aktiven Tun nur gleich, wenn zwei Voraussetzungen gegeben sind (§ 13 Abs. 1 StGB):

- dem Untätigen die Pflicht obliegt, den Erfolg zu verhindern (sog. Garantenpflicht) und
- die Tatbestandsverwirklichung durch Unterlassen derjenigen durch Tun gleichsteht (sog. zweite Gleichstellungsvoraussetzung oder Entsprechungsklausel).

Die **echten Unterlassungsdelikte** sind gesetzlich bestimmt.

Beispiel 5: §§ 123 Abs. 1, 1. Alt., 138, 142 Abs. 1, 2, 283 Abs. 1 Nr. 7 lit. b, 323 c StGB

Die **unechten Unterlassungsdelikte** sind gesetzlich nicht gesondert bestimmt. Sie ergeben sich aus den Tatbeständen der Erfolgsdelikte und der in § 13 StGB enthaltenen generellen Verweisung aus sie und die in § 13 Abs. 1 StGB aufgestellten beiden zusätzlichen Voraussetzungen (Garantenpflicht und Gleichwertigkeit von Erfolgsherbeiführung durch Unterlassen gegenüber dem Tun).

Täter kann nur sein, wer die Voraussetzungen des § 13 Abs. 1 StGB erfüllt.

(b) Garantenpflicht der Mitarbeiter des Trägers der öffentlichen Jugendhilfe

Die Garantenstellung der einzelnen Mitarbeiter des Trägers der öffentlichen Jugendhilfe dürfte inzwischen nicht mehr bestritten sein. Sie wird entweder aus dem Wächteramt des Staates oder aus tatsächlicher Pflichtübernahme abgeleitet. Bei letzterer Ableitung haben auch die Mitarbeiter/innen eines freien Trägers diese Garantenstellung, wenn sie ein Kind nach Inobhutnahme durch ein Jugendamt in Obhut haben.

Hinzu kommt, dass durch die Schaffung des **§ 8 a SGB VIII n. F.** (Schutzauftrag bei Kindeswohlgefährdung) durch das KICK eine Konkretisierung des verfassungsrechtlich gesicherten Schutzauftrags der Jugendämter in das SGB VIII eingeführt wurde. Hintergrund dieser Neuregelung waren spektakuläre Fälle von Kindeswohlgefährdung wie sexuellem Missbrauch und Vernachlässigung in der Vergangenheit.

Nach § 8 a SGB VIII n. F. sind die Jugendämter verpflichtet, Hinweisen über eine drohende Kindeswohlgefährdung nachzugehen, sich weitere Informationen zur Klärung zu verschaffen und eine Risikoabwägung dahingehend vorzunehmen, ob das Kind besser durch Hilfe zur Erziehung oder Einschaltung des Familiengerichts im Hinblick auf Maßnahmen nach den §§ 1666, 1666 a BGB geschützt werden kann oder ob schließlich andere Institutionen wie Polizei oder Psychiatrie informiert werden müssen, weil diese Institutionen die geeigneteren Institutionen zur Abwehr einer Gefahr sind.

Besteht eine **dringende Gefahr** und kann die Entscheidung des Gerichts nicht abgewartet werden, so ist das Jugendamt verpflichtet, das Kind oder den Jugendlichen in Obhut zu nehmen. § 42 SGB VIII n. F. ordnet dazu die Voraussetzungen einer Inobhutnahme von Kindern und Jugendlichen neu (siehe dazu im Einzelnen unten). Die Risikoabschätzung hinsichtlich einer Gefährdung des Kindeswohls ist dabei stets im Zusammenwirken mit anderen Fachkräften zu treffen.

Durch die Neuregelung des § 8 a SGB VIII n. F. werden die Handlungspflichten der Jugendämter im Falle einer Kindeswohlgefährdung gebündelt, wodurch in einem grundrechtssensiblen Bereich eine wünschenswerte Klarstellung erfolgt ist.

Die Garantenstellung bedeutet für den einzelnen Mitarbeiter des Jugendamts, dass er sich strafbar macht, wenn infolge seines Unterlassens ein Kind geschädigt wird oder zum Tode kommt. Der Mitarbeiter begeht dann eine fahrlässige Körperverletzung oder Tötung durch Unterlassen. Die Strafbarkeit tritt aber nur ein, wenn

1. eine Rechtsgutverletzung bei dem Kind eingetreten ist,
2. eine Pflicht zur Abwendung der Rechtsgutverletzung bestand,
3. das Unterlassen des Mitarbeiters ursächlich für die Rechtsgutverletzung war,
4. der Mitarbeiter zumindest fahrlässig gehandelt hat.

Fahrlässigkeit liegt dann vor, wenn der Mitarbeiter durch Außerachtlassung der notwendigen Sorgfalt nicht erkannt hat, dass sein Unterlassen die Rechtsgutverletzung herbeigeführt hat.

Im Jahre 1994 ereignete sich ein Fall, bei dem ein Kind zu Tode kam und die Frage zu klären war, ob der zuständigen Sozialarbeiterin ein Unterlassen vorgeworfen werden konnte. Dieser Fall entfachte eine Debatte über das Verhältnis von Eingriffs- und Leistungsverwaltung, Dienstleistung und Letztverantwortung, Jugendhilfe und Wächteramt und beschäftigte in den Folgejahren die Gerichte. Dieser Fall wird nachfolgend als Beispiel dargestellt, um die Auffassung der Rechtsprechung zu veranschaulichen:

Beispiel 6: Die am 15.10.1993 geborene Laura-Jane wurde am 07.05.94 in der Wohnung ihrer Mutter M tot aufgefunden. Als Todesursache wurde ein Herz- und Kreislaufversagen infolge hochgradiger Austrocknung und Auszehrung auf nicht natürliche Weise festgestellt. Die angeklagte Sozialarbeiterin S hatte die Familie des Kindes, die in einer Einrichtung für Obdachlose untergebracht war, als Jugendamtsmitarbeiterin der Stadt Osnabrück (Allgemeiner Sozialdienst-ASD) seit Mai 1993 betreut. Der Grund für die Betreuung bestand darin, dass der Haushalt der Familie verwahrlost und eine Vernachlässigung der beiden Kinder zu befürchten war, für die S aus verschiedenen Quellen Hinweise hatte. S hatte M in regelmäßigen Gesprächskontakten verschiedene Vorschläge zur Hilfestellung unterbreitet, welche M allesamt ablehnte.

Bei einem von S durchgeführten Hausbesuch konnte sie sich selbst davon überzeugen, dass sich die Wohnung in einem völlig verdreckten Zustand befand: Hundekot, zerrupfte Windeln, Essensreste, zum Teil mit Schimmel bedecktes Geschirr waren in der Wohnung verteilt. Die Kinderbetten waren nicht bezogen und verschmiert, die Toilette bis zum Rand verstopft. S half, den Haushalt notdürftig aufzuräumen und informierte die Rohrreinigung.

Vom 13. bis 23.03.1994 wurde Laura-Jane wegen schwerer großflächiger Windeldermatitis und Pilzbefall im Krankenhaus behandelt. Der Ernährungszustand war nicht besorgniserregend. Die Sozialarbeiterin vereinbarte ein Gespräch mit dem behandelnden Arzt und M für den 23.03.1994, den Entlassungstermin. Der Arzt erläuterte in diesem Gespräch die Ursache der Erkrankung, nämlich vernachlässigte Pflege; das Baby könne über Tage hinweg nicht ordentlich saubergemacht worden sein. M wurde die Versorgung und Kinderpflege des Babys praktisch erklärt und es wurde ihr angeboten, bei Unsicherheiten jederzeit mit dem Krankenhaus wieder Kontakt aufzunehmen. Der Arzt wie nachdrücklich darauf hin, dass im Anschluss an den Krankenhausaufenthalt eine mindestens zweistündige tägliche Pflege von Laura-Jane durch eine erfahrene Kraft erforderlich wäre. Er ermahnte die Mutter, sich um eine Familienhilfe und um sachgerechte Pflege des Kindes zu kümmern, was M zusicherte.

S hielt weiterhin Kontakt zur Familie. Bereits am 15.03.1994 hatte sie veranlasst, dass eine Sozialpädagogische Familienhilfe (SPFH) nach § 31 SGB VIII eingeleitet und einem freien Träger, nämlich dem Sozialdienst Katholischer Frauen (SKF), übertragen werden sollte. Am 12.04.1994 fand ein ausführliches Gespräch zwischen M, S und zwei Mitarbeiterinnen des SKF statt. Darauf hin wurden die Ziele für den Einsatz der SPFH festgelegt. Am 19.04.1994 erklärte die Mutter verbindlich ihre Zustimmung zur Maßnahme. Anschließend suchte eine Mitarbeiterin des SKF im Zeitraum zwischen 19. und 29.04.1994 insgesamt fünfmal die Familie auf. Thema der Besuche war insbesondere die Planung der Alltagsstruktur bezüglich Haushalt und Kinderversorgung. Bei mehrmaligen Hausbesuchen Anfang Mai traf die SKF-Mitarbeiterin M jedoch nicht an. Nach den fehlgeschlagenen Besuchen versuchte die Familienhelferin erfolglos, den ASD zu erreichen. Am 07.05.1994 holte M Hilfe herbei. Laura-Jane wurde tot in der Wohnung aufgefunden. Hat S sich wegen Tötung durch Unterlassen strafbar gemacht?

Lösung: Mit der strafrechtlichen Würdigung des Verhaltens der S befassten sich in den Jahren 1995-1996 drei gerichtliche Instanzen, nämlich das Amtsgericht Osnabrück, das Landgericht Osnabrück und schließlich das Oberlandesgericht Oldenburg.

Das Oberlandesgericht (OLG) Oldenburg (Revisionsurteil vom 02.09.96, Az. Ss 249/96; nachzulesen in: ZfJ 1997, S. 55 ff.) hat wie folgt entschieden: Das Urteil des OLG bestätigt das vorinstanzliche Urteil des

Landgerichts Osnabrück, soweit es zu dem Schluss kommt, eine Mitverursachung des Kindes durch positives Tun, echtes Unterlassen oder Misshandlung von Schutzbefohlenen durch S liege nicht vor. Auch sei kein Rechtsfehler darin zu sehen, wenn das Landgericht die Einleitung der SPFH und deren Übertragung auf den SKF durch S als sachgerecht ansieht. Jedoch könne rechtlich nicht der Schluss gezogen werden, mit der Einleitung der SPFH sei die *Garantenstellung* der S entfallen.

Wesentliches Merkmal der SPFH sei gerade in Fällen wie diesem die Verpflichtung zur Schutzgewährung, woraus eine strafrechtliche Garantenpflicht der als staatliche Gewährsträgerin tätig gewordenen S resultiert (Beschützergarantin).Das SGB VIII betone nicht nur den Gedanken der Hilfe, sondern weise in § 1 Abs. 2 S. 2 auch auf staatliche Schutzpflichten hin, die für alle SGB VIII-Maßnahmen gelten. Das bedeutet, dass nach Einleitung einer SPFH die Abwehr möglicher Gefahren zu gewährleisten ist. Die gemäß § 3 SGB VIII weitgehend mögliche Übertragung von Aufgaben der Familienhilfe auf freie Träger könne die bestehenden Schutzpflichten des Staates nicht völlig ablösen. Die Gewährspflicht der S als ASD-Mitarbeiterin für den Schutz der Familie bestand also nach Auffassung des OLG auch nach Einleitung der SPFH fort. Es sei nicht auszuschließen, dass bei rechtzeitigem Eingreifen des ASD nach vereinbarter Verständigung das Kind hätte gerettet werden können. Das OLG Oldenburg verwies die Strafsache zur erneuten Verhandlung zwecks Klärung verschiedener Umstände an eine andere Kammer des Landgerichts Osnabrück zurück. Ein abschließendes Urteil ist nicht ergangen. Die nunmehr zuständige Kammer des Landgerichts Osnabrück hat das Verfahren auf Anregung der Staatsanwaltschaft und mit Zustimmung der Beteiligten eingestellt.

Literatur

🕮 *Münder, J.:* Jugendhilfe und Elternverantwortung – eine schwierige Balance, in: ZfJ 2000, 81 ff.;
🕮 *Heilmann, S.:* Hilfe oder Eingriff – Verfassungsrechtliche Überlegungen zum Verhältnis von staatlichem Wächteramt und Jugendhilfe, in: ZfJ 2000, 41 ff.;
🕮 *Jeand`Heur, B.:* Verfassungsrechtliche Schutzgebote zum Wohl des Kindes und staatliche Interventionspflichten aus der Garantienorm des Art. 6 Abs. 2 GG, Berlin 1993;
🕮 *Fieseler*, Staatliches Wächteramt und Garantenstellung von Mitarbeitern der Jugendhilfe, in: Sozial Extra, Juli/August 2000,14;
🕮 *Kunkel*: Was bedeutet die Garantenstellung für Mitarbeiter der Jugendhilfe? , in: ZFSH/SGB 2001,131;
🕮 *Bringewat, P.*: Staatliches Wächteramt und Strafbarkeitsrisiken in der kommunalen Jugendhilfe, in: UJ 2001, 418 ff.;
🕮 *ders.*: Tod eines Kindes – Soziale Arbeit und strafrechtliche Risiken, 2. Aufl., Baden-Baden 2001.

G. Nachrang und Eigenständigkeit der Kinder- und Jugendhilfe im Verhältnis zum Elternrecht und zu anderen Leistungen und Verpflichtungen

Nachfolgend wird das Verhältnis der Kinder- und Jugendhilfe zur Familienerziehung und zu anderen Leistungen und Verpflichtungen dargestellt.

I. Verhältnis der Kinder- und Jugendhilfe zur Familienerziehung

Bei der Ausgestaltung sämtlicher Jugendhilfeaufgaben ist wegen des in Art. 6 Abs. 2 GG als Grundrecht geschützten Erziehungsvorranges der Eltern die von ihnen (oder anderen Personensorgeberechtigten) bestimmte Grundrichtung der Erziehung zu beachten (§§ 1 Abs. 2, 9 Nr. 1 SGB VIII).

Merksatz: Durch die Inanspruchnahme von Jugendhilfe tritt keine Beschränkung des elterlichen Erziehungsrechts ein!

Die im Rahmen von Jugendhilfeleistungen tätig werdenden Personen (z.B. Pflegeeltern, ErzieherInnen in Heimen o. ä. Einrichtungen) besitzen zwar seit 01.07.1998 die *sog. Alltagssorge*. Diese kann aber jederzeit durch einen Personensorge-Berechtigten (d.h. Eltern bzw. Pfleger oder Vormund) außer Kraft gesetzt werden (vgl. § 1688 BGB). Allerdings besteht auch in diesem Fall (ähnlich wie im Schulbereich) eine faktische Einschränkung der elterlichen Sorge, denn hier haben die Erziehungspersonen oft eine viel intensivere Einwirkungsmöglichkeit auf die ihnen anvertrauten Minderjährigen als deren Eltern.

II. Verhältnis der Kinder- und Jugendhilfe zu anderen Leistungen und Verpflichtungen

§ 10 Abs. 1 SGB VIII (lesen!) bestimmt, dass sich niemand seiner privatrechtlichen oder öffentlich-rechtlichen Verpflichtungen unter Verweis darauf entziehen kann, dass die Betroffenen Jugendhilfe erhalten (oder erhalten können), sondern bleiben als Personensorgeberechtigte weiterhin verpflichtet.

Beispiel 7: Unterhaltspflichten von Eltern und Großeltern, private Kranken-, Unfall- oder Lebensversicherungen, andere Sozialleistungsträger (gesetzliche Kranken-, Unfall-, Rentenversicherungsträger).

Von besonderer Bedeutung ist das Verhältnis von **Jugendhilfe und Sozialhilfe**. In diesem Zusammenhang wird darauf hingewiesen, dass die Sozialhilfe seit dem 01.01.2005 im SGB XII geregelt ist (bis zum 31.12.2004 war sie im BSHG geregelt). Beide Sozialleistungen bilden die unterste Stufe sozialer Sicherung, wobei die Sozialhilfe eine Sicherung in materieller Hinsicht und die Jugendhilfe in pädagogischer Hinsicht darstellt. § 10 Abs. 4 SGB VIII n. F. regelt das Verhältnis von Jugendhilfe und Sozialhilfe zueinander: Gemäß dem **Nachrangprinzip** der Sozialhilfe stellt Satz 1 klar, dass Jugendhilfe vorrangig ist; Sozialhilfeleistungen kommen also nicht in Betracht, soweit Jugendhilfe gewährt wird.

Merksatz: Jugendhilfeleistungen sind vorrangig gegenüber Sozialhilfeleistungen (§ 10 Abs. 4 SGB VIII n. F.)!

Die Abgrenzung zwischen Jugendhilfe und Sozialhilfe ist vor allem in folgenden beiden Fällen von Bedeutung:

1. Das Verhältnis von der Sozialhilfeleistung „Hilfe zur Überwindung besonderer sozialer Schwierigkeiten und der Jugendhilfeleistung „Hilfe für junge Volljährige“

Das Verhältnis der Sozialhilfeleistung „Hilfe zur Überwindung besonderer sozialer Schwierigkeiten“ (§§ 67, 68 SGB XII; bis zum 31.12.2004: § 72 BSHG) zur Jugendhilfeleistung „Hilfe für junge Volljährige“ (§ 41 SGB VIII) regelt § 10 SGB VIII: Grundsätzlich ist die Jugendhilfe vorrangig, d. h. die Kinder- und Jugendhilfe ist in Zweifelsfällen zuständig. Liegen die Voraussetzungen für beide Hilfeleistungen vor, ist außerdem die Nachrangregelung des § 67 SGB XII zu beachten: Gemäß § 67 S. 2 SGB XII gehen Leistungen der Jugendhilfe vor.

2. Das Verhältnis der Eingliederungshilfe für Behinderte nach §§ 53 ff. SGB XII und den Hilfen zur Erziehung nach §§ 27 ff. SGB VIII

§ 10 Abs. 4 S. 2 SGB VIII ist eine Ausnahme gegenüber der Regelung in S. 1. Bei der Eingliederungshilfe für *körperlich* oder *geistig* behinderte junge Menschen nach den §§ 53 ff. SGB XII (bis zum 31.12.2004: §§ 39 ff. BSHG) hat die Sozialhilfe den Vorrang. § 53 Abs. 1 S. 1 SGB XII gewährt einen Rechtsanspruch bei nicht nur vorübergehender wesentlicher körperlicher oder geistiger Behinderung bzw. bei einer drohenden derartigen Behinderung. Dagegen besteht nur ein Rechtsanspruch auf fehlerfreie Ermessensausübung gem. § 53 Abs. 1 S. 2 SGB XII, wenn die Behinderung nicht wesentlich oder nur vorübergehend ist. Auch in diesem Fall gilt der Vorrang der Sozialhilfe (§ 10 Abs. 4 S. 2 SGB VIII).

Im Gegenschluss aus § 10 Abs. 4 S. 2 SGB VIII ergibt sich, dass es für *seelisch* behinderte junge Menschen beim Vorrang der Jugendhilfe aus § 10 Abs. 4 S. 1 SGB VIII verbleibt. Der Begriff des *seelisch behinderten* Menschen ergibt sich aus § 35 a in der Neufassung durch das SGB IX. Abgrenzungsprobleme bleiben bestehen bei *sog. Mehrfachbehinderung*:

- Unproblematisch ist das Vorgehen, wenn unterschiedliche Behinderungen vorliegen, die unterschiedliche Leistungen erfordern: es sind jeweils unterschiedliche Leistungsträger zuständig.

  Beispiel 8: Die B leidet unter einer seelischen Behinderung, die eine Betreuung während Tag und Nacht erfordert. Zugleich liegt bei B eine Körperbehinderung vor, die eine körperliche Pflege verlangt.

Handelt es sich hingegen bei der Sozialhilfeleistung und der Jugendhilfeleistung um identische Leistungen, kann die Abgrenzung schwierig sein.

Beispiel 9: Tagespflege für ein mehrfach behindertes Kind.

Nach der **Rechtsprechung des Bundesverwaltungsgerichts** (BVerwG) ist entscheidend, ob es sich bei Sozialhilfeleistungen um mit den Jugendhilfeleistungen konkurrierende Leistungen handelt; ist dies der Fall, so gehen die Sozialhilfeleistungen vor (vgl. BVerwG Urt. v. 23.09.1999 – 5 C 26.98 – BverwGE 109. 325 ff. = ZfJ 2000, 191 ff.; so auch VGH BY B. 24.04.2001 – 12 CE 00.1337 – FEVS 52, 471 ff.). Allerdings bewirkt dieser Vorrang im Verhältnis der Leistungsträger auf der Ebene der leistungsberechtigten Bürger **keine Freistellung des nachrangig verpflichteten Trägers**, d. h. – so das BVerwG – dass der Anspruch auch gegenüber dem nachrangig verpflichteten Leistungsträger (hier: der Jugendhilfeträger) bestünde, sofern Leistungen von dem vorrangig erbrachten Sozialhilfeträger nicht erbracht worden sind. Erst im Falle der Kostenerstattung kommt der Nachrang des Jugendhilfeträgers zum Tragen.

III. Das Verhältnis der Kinder- und Jugendhilfe zur Schule

Den Schulen kommt eine Erziehungskompetenz neben den Eltern zu (Art. 7 GG). Die Jugendhilfe hat eine von den Eltern abgeleitete Kompetenz.

Im Verhältnis Jugendhilfe und Schule geht die Schule vor: die Förderpflicht nach den Schulgesetzen ist vorrangig gegenüber den Leistungen nach dem SGB VIII. Insbesondere bei der Integration geistig oder seelisch behinderter Kinder oder Kindern mit einer Lese- und Rechtschreibschwäche kommt dieses Rangverhältnis zum Tragen, nämlich bei der Frage, wer die Kosten der Integration trägt. Zunächst gilt hier die vorrangige Förderungsverpflichtung der Schule nach den Schulgesetzen. Die Nachrangigkeit der Jugendhilfe tritt erst ein, wenn die Schule ihre Leistungen tatsächlich zur Verfügung stellt. Die nachrangige Förderungspflicht der Träger öffentlicher Jugendhilfe wird erst dann aktuell, wenn die notwendigen Förderungsmaßnahmen durch die Schulverwaltung nicht oder zu spät erbracht werden oder nicht ausreichen. Erbringen die öffentlichen Jugendhilfeträger in diesen Fällen die Förderung, die vorrangig von der Schulverwaltung zu tragen wäre, so können sie nach § 95 SGB VIII (lesen!) die Kosten auf sich überleiten.

Beispiel 10: Schüler S besucht die erste Klasse einer Grundschule in der Gemeinde G. Im Laufe des ersten Schuljahres stellt sich heraus, dass S Legastheniker ist. Auch bei drei weiteren Kindern in der Klasse wird die Lese- und Rechtschreibschwäche deutlich. Die Grundschule ist verpflichtet, legasthenieschwache Kinder zu fördern und erklärt ausdrücklich ihre Bereitschaft, dieser Verpflichtung gegenüber S und den anderen Kindern nachzukommen. Allerdings verweigert die Schule die Übernahme der Kosten, die für die besondere Förderung dieser Schüler anfallen - etwa für die Fortbildung der Lehrkräfte, für den Einsatz einer weiteren Lehrkraft oder besonderer Lehrmittel. Da insgesamt 25 Kinder die erste Klasse besuchen, ist die Klassenlehrerin, die die meisten Fächer unterrichtet, außerstande, die legasthenieschwachen Kinder tatsächlich zu fördern. S schafft knapp die Versetzung in die zweite Klasse, doch macht die Klassenlehrerin die Eltern darauf aufmerksam, dass seine Versetzung in die dritte Klasse nahezu aussichtslos sei, falls sich seine Legasthenie in den nächsten Monaten nicht deutlich verbessere. Sie könne allerdings nicht viel dagegen unternehmen, da sie mit den 25 Schülern, von denen allein vier Legastheniker seien, voll ausgelastet sei und sie keine Möglichkeit habe, die intensive Betreuung zu leisten, die zur Behebung bzw. Verbesserung einer Legasthenie erforderlich sei. L verweist noch einmal darauf, dass die Schule nicht in der Lage sei, die Kosten zu übernehmen. Die Eltern von S sind erbost über das Verhalten der Schule und befürchten, dass S früher oder später eine Sonderschule besuchen muss, falls sich nichts an seiner Lese- und Rechtschreibschwäche ändert. In ihrer Verzweiflung wenden sie sich an den zuständigen Jugendhilfeträger der Gemeinde G. Dieser sieht sich ebenfalls nicht zur Leistung verpflichtet und verweist hierbei auf die vorrangige Leistungspflicht der Grundschule. Wie ist die Rechtslage?

Lösung: Die Leistungen der Schule, z.B. zur Verbesserung oder Behebung einer Legasthenie, sind vorrangig gegenüber der Jugendhilfe. Allerdings müssten diese Mittel auch tatsächlich zur Verfügung gestellt werden. Ist die Schule dazu –wie im vorliegenden Fall- nicht bereit, muss die Jugendhilfe (im Rahmen von § 27/ § 35 a SGB VIII; lesen!) vorleisten. Dies führt aber nicht dazu, dass die Verpflichtung der Schule untergeht; vielmehr wird der Nachrang der Jugendhilfe dadurch wiederhergestellt, dass der Jugendhilfeträger den Anspruch gegen die Schule gemäß § 95 SGB VIII auf sich überleiten kann.

Die Schulgesetze der Länder und das SGB enthalten Regelungen, die die Verbindung von Schule und Jugendhilfe festlegen:

Schulgesetze der Länder	SGB
• In einem Schulausschuss hat das Jugendamt mitzuwirken; • Die Entscheidung, ob sonderschulpflichtige Schüler mit Zustimmung der Erziehungsberechtigten in einem Heim oder in einer Pflegefamilie untergebracht werden können, trifft die Schulaufsichtsbehörde im Einvernehmen mit dem Jugendhilfeträger; • Die Schule hat die Verantwortung der Jugendhilfe zu berücksichtigen.	• Die Verpflichtung der Schule wird durch das SGB VIII nicht berührt (§ 10 Abs. 1 SGB VIII); • Schulbezogene Jugendarbeit ist ein Schwerpunkt der Jugendarbeit (§ 11 Abs. 3 SGB VIII); • Jungen Menschen sollen sozialpädagogische Hilfen angeboten werden, um die schulische Ausbildung zu fördern (§ 13 Abs. 1 SGB VIII); • Jugendhilfe soll darauf hinwirken, dass allein erziehende Elternteile, die in einer Wohnform nach § 19 SGB VIII untergebracht sind, eine schulische Ausbildung aufnehmen oder fortführen; • Träger der öffentlichen Jugendarbeit haben mit Schulen und Stellen der Schulverwaltung zusammenzuarbeiten.

Wichtige Entscheidungen

Jugendhilfe und Familie

🕮 BVerwG NDV-RD 1997, 80 ff. = NJW 1997, 2831 f.

Jugendhilfe und Sozialhilfe

🕮 BVerwG Urt. v. 23.09.1999 – 5 C 26.98 – ZfJ 2000, 199 ff. = NDV-RD 2000, 65 f.

Literatur

🕮 *Münder, J.:* Vorrang und Nachrang zwischen Leistungen der Jugendhilfe und der Sozialhilfe - § 10 Abs. 2 SGB VIII, in: ZfJ 2001, 121 ff.;

H. Persönlicher Geltungsbereich des SGB VIII – insbesondere die Rechtsstellung von jungen Ausländern

Dass das SGB VIII für junge Menschen gilt, ist offenkundig. Im Zusammenhang mit dem persönlichen Geltungsbereich des SGB VIII ergeben sich jedoch zahlreiche Problemfelder, vor allem im Zusammenhang mit der Rechtsstellung von jungen Ausländern – die nachfolgend erörtert werden.

I. Allgemeine Regelung

Adressaten der Kinder- und Jugendhilfe sind entsprechend ihrer Zielsetzung zunächst **Kinder und Jugendliche**, die als Minderjährige unter elterlicher Sorge stehen. Das SGB VIII bezieht sich darüber hinaus aber auf einen größeren Personenkreis.

Beispiel 11: Erziehungsberechtigte (z.B. § 25 SGB VIII; lesen!); Personensorgeberechtigte (z.B. § 27 SGB VIII; lesen!); junge Volljährige (§ 41 SGB VIII; lesen!).

Für das Studium und auch für die spätere berufliche Tätigkeit muss bekannt sein, wie die einzelnen Personengruppen definiert sind. Hier kann auf die gesetzlichen Begriffsbestimmungen zurückgegriffen werden:

Die Begriffe **Kind, Jugendlicher, junger Volljähriger und junger Mensch** sind durch § 7 SGB VIII klar definiert. Der Begriff des **Personensorgeberechtigten** richtet sich nach dem BGB. Grundsätzlich sind dies beide Eltern.

Gemäß § 6 Abs. 1 SGB VIII (lesen!) gilt, dass die Leistungen des SGB VIII jungen Menschen und Müttern, Vätern bzw. Personensorgeberechtigten von Minderjährigen (§ 6 Abs. 1 SGB VIII n. F.: Umgangsberechtigten, unabhängig von ihrem tatsächlichen Aufenthalt, die ebenso einen Anspruch auf Beratung und Unterstützung haben) gewährt werden, wenn diese jungen Menschen bzw. Minderjährigen ihren **tatsächlichen Aufenthalt im Inland** haben. Diese Vorschrift findet nur auf **Deutsche** Anwendung; für Ausländer gelten gem. § 6 Abs. 2 und Abs. 4 SGB VIII (lesen!) Sonderregelungen, die nachfolgend unter Ziff. G.II. dargestellt werden.

Der Begriff des tatsächlichen Aufenthalts wird weit gefasst, um sicherzustellen, dass Jugendhilfeleistungen ohne Aufschub und dem momentanen Bedarf entsprechend gewährt werden können. Der tatsächliche Aufenthalt erfordert allein **die körperliche Anwesenheit** an einem Ort, gleichgültig, ob diese Anwesenheit ständig oder vorübergehend ist, zufällig, erlaubt oder unerlaubt. Damit unterscheidet sich der Begriff des tatsächlichen Aufenthalts etwa von dem Begriff des Wohnsitzes (vgl. § 7 Abs. 1 BGB) oder dem des gewöhnlichen Aufenthaltes, s. unten unter Ziff G.II.

Beispiel 12: Die 16-jährige A lebt seit der Trennung ihrer Eltern vor fünf Jahren bei ihrem Vater V in den Niederlanden, der das alleinige Sorgerecht für A hat. A besitzt die deutsche Staatsangehörigkeit. Vor fünf Monaten hat V seine Arbeit verloren und ist seitdem dem Alkohol verfallen. Im alkoholisierten Zustand neigt V zu extremen Gewaltausbrüchen, die A immer häufiger in Form von heftigen Schlägen zu spüren bekommt. Als V wieder einmal betrunken nach Hause kommt, prügelt er sofort mit einem Gürtel auf A ein und stößt sie schließlich mit einer solchen Wucht gegen den Wohnzimmerschrank, dass A erhebliche Prellungen und eine Schürfwunde am Kopf davonträgt. Als A ihm vorhält, er solle endlich mit der verdammten Trinkerei aufhören, brüllt V sie an, dass sie in Zukunft besser ihre Klappe halten solle, da er sie andernfalls umbringen werde. Aus Angst vor weiteren Gewaltausbrüchen des V sieht A keinen anderen Ausweg als heimlich die Wohnung zu verlassen und sich bei ihrer in Aachen lebenden Tante T Hilfe zu holen. Als sie dort eintrifft und T die Situation schildert, sucht diese gemeinsam mit A das städtische Jugendamt auf. Wird das Jugendamt tätig werden?

Lösung: Das Tätigwerden des Jugendamts hängt gem. § 6 Abs. 1 SGB VIII davon ab, ob A ihren **tatsächlichen Aufenthalt** im Inland hat. Dem könnte möglicherweise entgegenstehen, dass A dauerhaft in den Niederlanden bei ihrem Vater lebt. Der tatsächliche Aufenthalt erfordert allein die **körperliche Anwesenheit** an einem Ort, gleichgültig, ob diese Anwesenheit ständig oder vorübergehend ist, zufällig, erlaubt oder unerlaubt. A hält sich zwar nur vorübergehend in Aachen auf, da es für den tatsächlichen Aufenthalt aber lediglich auf die körperliche Anwesenheit ankommt, hat A diesen somit in Aachen. Dass A ihren Wohnsitz in den Niederlanden hat, steht somit nicht entgegen. Nur durch dieses weite Verständnis des Begriffs „tatsächlicher Aufenthalt" ist sichergestellt, das in Situationen wie der, in der A sich befindet, Leistungen der Jugendhilfe gewährleistet sind. A besitzt auch die deutsche Staatsangehörigkeit, so dass die Voraussetzungen für die Inanspruchnahme der Leistungen des SGB VIII gem. § 6 Abs. 1 SGB VIII erfüllt sind. Das zuständige Jugendamt wird somit tätig werden.

§ 6 Abs. 3 SGB VIII (lesen!) erweitert dies auch auf **Deutsche, die im Ausland leben**. Es handelt sich hierbei um eine der „exotischsten" Normen des SGB VIII. Fallzahlenmäßig ist sie in der Praxis von nicht allzu großer Bedeutung, allerdings sind die mit dieser Hilfeart im Zusammenhang stehenden Probleme und Bearbeitungszeiten von größerem Ausmaß. § 6 Abs. 3 SGB VIII regelt als „Kann-Norm", dass auch Deutsche im Ausland Jugendhilfe beziehen können, d.h. ein Tätigwerden steht im Ermessen der deutschen Behörde. Zudem ist die Gewährung von Jugendhilfe für Deutsche im Ausland gegenüber den Hilfemöglichkeiten des Aufenthaltslandes subsidiär. Die sachliche Zuständigkeit wird über § 85 Abs. 2 Nr. 9 SGB VIII den überörtlichen Trägern zugeschrieben. Die örtliche Zuständigkeit ergibt sich aus § 88 SGB VIII nach dem Geburtsort des jungen Menschen; ist keine Geburtsbeziehung gegeben, ist das Land Berlin örtlich zuständig.

Beispiel 13: Die Eheleute E beschließen eines Tages, nach Schweden auszuwandern, da sie sich dort bessere berufliche Perspektiven und damit einen besseren Lebensstandard erhoffen. Aus der Ehe sind drei Kinder hervorgegangen, die alle in Deutschland geboren wurden und die deutsche Staatsangehörigkeit besitzen. Die minderjährigen Kinder begleiteten die Eheleute, so dass seither der Familienverbund in Schweden lebt. Nach einiger Zeit richten die Eltern ein Hilfeersuchen an die Deutsche Botschaft um Jugendhilfe für Deutsche im Ausland und geben im Schriftverkehr an, die 16-jährige Tochter T sei massiv verhaltensauffällig, aggressiv im Familienverbund, akut drogengefährdet und drohe zudem ständig mit Suizid.

Da man seinen Lebensmittelpunkt sowohl gegenwärtig als auch in der Zukunft in Schweden sähe, ersucht man um Jugendhilfe für Deutsche im Ausland. Besteht ein Anspruch der Eltern auf Jugendhilfe?

Lösung: § 6 Abs. 3 SGB VIII regelt, dass auch Deutsche im Ausland Jugendhilfe im Ausland beziehen können. Die E besitzen die deutsche Staatsangehörigkeit, erfüllen somit in persönlicher Hinsicht die Voraussetzungen des § 6 Abs. 3 SGB VIII. Es handelt sich hierbei allerdings um eine „Kann-Vorschrift", d.h. dem zuständigen Jugendamt, an welches die deutsche Botschaft das Jugendhilfeersuchen weitergeleitet hat, ist ein Ermessensspielraum eingeräumt. Zudem ist die Gewährung von Jugendhilfe für Deutsche im Ausland gegenüber den Hilfemöglichkeiten des Aufenthaltslandes subsidiär.

Wie nun soll sich der überörtliche Träger konkret verhalten? Folgende Aspekte sind in die Ermessensentscheidung miteinzubeziehen:

- Eine Ausgestaltung der Hilfe vor Ort wäre mit mindestens einer Überprüfung der Verhältnisse vor Ort sowie der Installation einer wie auch immer gearteten Hilfe verbunden. Dabei wird jedoch kein Dienstherr bereit sein, eine solche Dienstreise zu finanzieren. Ein Amtshilfeersuchen wäre ebenfalls problematisch.

- Ausschließlich aufgrund von Schriftverkehr lässt sich eine adäquate Jugendhilfe kaum gestalten, so dass eine Ablehnung der Hilfe als „Ausweg" aus der Situation in Betracht gezogen werden dürfte.

- Würde man eine Rückkehr des betroffenen Jugendlichen in die Bundesrepublik Deutschland veranlassen, wäre fraglich, ob es sich mangels Rückkehroption zu den Eltern begrifflich noch um eine „Hilfe im Ausland" handelt.

Diese und andere Punkte hat der überörtliche Träger im Rahmen einer umfangreichen Ermessensentscheidung zu berücksichtigen.

II. Jugendhilfe für junge Ausländer

Leistungen der Kinder- und Jugendhilfe kommen nicht nur für deutsche Kinder und Jugendliche sowie junge Volljährige in Betracht. Auch junge Ausländer können unter den nachfolgenden Voraussetzungen Leistungen der Kinder- und Jugendhilfe beanspruchen, wodurch sie deutschen jungen Menschen gleich gestellt sind.

Ausländer ist jede Person, die nicht Deutsche i. S. d. Art. 116 GG ist. Dies sind alle Personen mit fremder Staatsangehörigkeit und Staatenlose.

§ 6 Abs. 2 und Abs. 4 SGB VIII (lesen!) befassen sich mit der besonderen Situation von jungen Ausländern. Auf den ersten Blick erscheint die Regelung unübersichtlich. Sinnvoll ist es zunächst, von § 6 Abs. 4 SGB VIII auszugehen, d.h. zu prüfen, inwiefern nach **zwischen- bzw. überstaatlichem Recht** Leistungen der Jugendhilfe zu erbringen sind.

1. § 6 Abs. 4 SGB VIII – Zwischen- und überstaatliches Recht

Gemäß § 6 Abs. 4 SGB VIII bleibt zwischen- und überstaatliches Recht ausdrücklich unberührt. Regelungen des zwischen- und überstaatlichen Rechts verbessern die Leistungsberechtigung ausländischer Kinder und Jugendlicher. Die nachfolgende Übersicht gibt einen Überblick über die wichtigsten zwischen- und überstaatlichen Regelungen:

Zwischen- und überstaatliches Recht	
Zwischenstaatliches Recht	**Überstaatliches Recht**
Recht der Europäischen Union: Art. 12 EGV (Diskriminierungsverbot); Art. 18 EGV (Freizügigkeit) **UN-Kinderrechtskonvention:** Art. 10 (Recht zur Familienzusammenführung);	**MSA:** (Minderjährigenschutzabkommen – ohne Gegenseitigkeitspflicht, d.h. der Vertrag gilt für alle Minderjährigen): Pflicht zu Maßnahmen zum Schutz der Person des Minderjährigen; **Voraussetzung:** Gewöhnlicher Aufenthalt des Minderjährigen im Vertragsstaat;

Achtung: keine unmittelbare Gültigkeit; nach *h.M.* ergibt sich hieraus kein Recht für die einzelnen Minderjährigen, sondern das UN-Übereinkommen verpflichtet lediglich den staatlichen Gesetzgeber, das Recht den Forderungen der Konvention anzupassen ⇨ Aufforderung an den staatlichen Gesetzgeber	**Achtung:** Gewöhnlicher Aufenthalt wird anders definiert als in § 6 SGB VIII (s. u.): **Definition:** hier: Ort, an dem der Schwerpunkt der Bindungen besteht = tatsächlicher Lebensmittelpunkt. Entscheidend ist, ob ein längerer Aufenthalt beabsichtigt ist und ob dem keine objektiven Umstände entgegenstehen, die eine Realisierung dieses Wunsches unmöglich machen. **Faktisch:** ab **6 Monaten** kann man nicht mehr davon ausgehen, dass objektive Gründe dem subjektiven Wollen entgegenstehen. **Inhalt:** Staaten dieses Abkommens (u. a. die BRD) sind dazu verpflichtet, alle Maßnahmen zum Schutz des Minderjährigen zu ergreifen. Dazu gehören alle Leistungen des SGB **Weitere Abkommen:** **EPA** (Europäisches Fürsorgeabkommen) (Belgien, Dänemark, BRD, F. Gf., GB, Irland, Island, Italien, Luxemburg, Malta, Niederlande, Norwegen, Schweden, Spanien, Türkei); deutsch-schweizerische Fürsorgevereinbarung, deutsch-österreichisches Fürsorgeabkommen

	Inhalt: Die Mitgliedsstaaten sind verpflichtet, Fürsorgeleistungen zu gewähren. Fürsorge ist jede Hilfe, die ein Mitgliedstaat gewährt. Danach müssen Personen die für ihren Lebensbedarf erforderlichen finanziellen Mittel sowie die notwendige Betreuung erhalten. Damit sind Geld- und Sachleistungen, nicht aber Dienstleistungen (Erziehung, Beratung) zu erbringen. **Voraussetzung:** erlaubter Aufenthalt (nicht: geduldete Minderjährige) **EMRK** (Europäische Menschenrechtskonvention)

2. § 6 Abs. 2 SGB VIII

Ausländer können gem. § 6 Abs. 2 SGB VIII (lesen!) Leistungen der Jugendhilfe nur dann in Anspruch nehmen,

- wenn sie einen **gewöhnlichen Aufenthalt im Inland** haben und
- sich entweder **rechtmäßig** in Deutschland aufhalten **oder** bei ihnen eine **ausländerrechtliche Duldung** besteht (§ 6 Abs. 2 SGB VIII).

3. Begriffe

Was ist unter

- gewöhnlichem Aufenthalt,
- rechtmäßigem Aufenthalt und
- ausländerrechtlicher Duldung

zu verstehen?

a) Gewöhnlicher Aufenthalt

Der Begriff des gewöhnlichen Aufenthaltes wird in § 30 Abs. 3 S. 2 SGB I definiert. Diese Legaldefinition gilt der als allgemeiner Teil auch für das SGB VIII. Seinen gewöhnlichen Aufenthalt hat jemand dort, wo er sich unter Umständen aufhält, die erkennen lassen, dass er in diesem Gebiet **nicht nur vorübergehend** weilt. Es muss **der tatsächliche Wille** als subjektives Moment und **die tatsächliche Verwirklichung dieses Willens** als objektives Moment vorliegen.

Beispiel 14: *Vgl. VG Ansbach, Gerichtsbescheid vom 14.08.2000:* Mit der Aufnahme in ein Frauenhaus kann ein gewöhnlicher Aufenthalt i. S. d. § 30 Abs. 3 S. 2 SGB VIII begründet werden.

Beispiel 15: Die nordrhein-westfälische Stadt S ist Sitz einer Jugendstrafanstalt. Der Jugendliche J hat in S mehrere Einbrüche in Wohn- und Geschäftsräume begangen und befindet sich seit seiner Festnahme in Untersuchungshaft in der Jugendstrafanstalt. Vor seiner Inhaftierung lebte J nicht im Gebiet der Stadt S. Die Eltern des J sind bei einem Verkehrsunfall ums Leben gekommen, als J sich bereits in Untersuchungshaft befand. J ist türkischer Staatsangehöriger und besitzt eine ausländerrechtliche Duldung. Das Jugendamt der Stadt S ist damit konfrontiert, dass die Anklageschrift im Strafverfahren gegen J und die Bitte um Durchführung der Jugendgerichtshilfe an das Jugendamt der Stadt S gesandt werden. Das Jugendamt hat Zweifel an seiner örtlichen Zuständigkeit. Zu Recht?

Lösung: Die Bestimmung der örtlichen Zuständigkeit bei der Mitwirkung der Jugendhilfe in Verfahren nach dem Jugendgerichtsgesetz (JGG) (§§ 2 Abs. 3 Nr. 8, 52 SGB VIII) richtet sich nach § 87 Abs. 1 SGB VIII. Hierbei kommt es zunächst auf den **gewöhnlichen** Aufenthalt der Eltern an. Nur wenn die Eltern verschiedene gewöhnliche Aufenthalte oder keinen im Inland feststellbaren gewöhnlichen Aufenthalt haben, sind die Abs. 2 bis 4 maßgeblich. Haben die Eltern keinen (feststellbaren) gewöhnlichen Aufenthalt im Inland oder sind sie verstorben, bestimmt sich die Zuständigkeit nach dem gewöhnlichen, hilfsweise nach dem tatsächlichen Aufenthalt des Jugendlichen (§ 86 Abs. 4 SGB VIII). Da die Eltern des J verstorben sind, bestimmt sich die Zuständigkeit des Jugendamtes nach dem gewöhnlichen, hilfsweise nach dem tatsächlichen Aufenthalt des J. Problematisch ist in diesem Zusammenhang, dass J sich in Untersuchungshaft befindet. Die Begründung eines gewöhnlichen Aufenthaltes bei einer Inhaftierung in Untersuchungshaft kann zweifelhaft sein. Unschädlich ist zwar das Fehlen des Willens zur Begründung des Lebensmittelpunktes in der Untersuchungshaftanstalt, fraglich ist jedoch, ob die zeitliche Dauer des Aufenthaltes ausreichend ist.

Denn zunächst einmal ist der Aufenthalt in der Untersuchungshaft immer von vorübergehendem Charakter, erreicht aber zumeist eine Dauer von mehreren Wochen oder Monaten. Trotz der zeitlichen Unbestimmtheit wird man davon ausgehen müssen, dass – zwangsweise - für die Dauer des Aufenthaltes in der jeweiligen Anstalt der Mittelpunkt der Lebensbeziehungen und damit ein gewöhnlicher Aufenthalt begründet wird. Sollte man die Begründung eines gewöhnlichen Aufenthaltes hingegen verneinen, wäre in jedem Fall (hilfsweise) durch die Inhaftierung der tatsächliche Aufenthalt des J gegeben.

Ergänzender Hinweis: Bei der Lösung des Fallbeispiels wurde die Frage nach dem gewöhnlichen Aufenthalt „eingebettet" in die Frage nach der *örtlichen Zuständigkeit*, die im Einzelnen unten noch dargelegt wird. Darüber hinaus betrifft das Fallbeispiel die Tätigkeit der *Jugendgerichtshilfe*. In diesem Zusammenhang ist darauf hinzuweisen, dass für die Erfüllung der Aufgabe „Jugendgerichtshilfe" bei Ausländern keine abweichenden Regelungen gelten, insbesondere kommt es nicht darauf an, ob diese sich rechtmäßig im Inland aufhalten oder aufgrund einer Duldung oder ausgesetzten Abschiebung einen gewöhnlichen Aufenthalt begründet haben. Dies ist zwar bei den Leistungen der Jugendhilfe der Fall (§ 6 Abs. 1 SGB VIII), nicht aber bei den „anderen Aufgaben", zu denen auch die Mitwirkung im Verfahren nach dem Jugendgerichtsgesetz (JGG) zählt.

Problematisch ist, ob bei minderjährigen **Asylbewerbern** ein gewöhnlicher Aufenthalt in der Bundesrepublik Deutschland vorliegt, der die Inanspruchnahme von Jugendhilfeleistungen begründet. Nach **ständiger Rechtsprechung** der obersten Gerichte haben Asylbewerber im **Inland keinen gewöhnlichen Aufenthalt** (BSG 63, 47; 67, 238).

Gegen die Begründung eines gewöhnlichen Aufenthaltes durch Asylbewerber wird vorgebracht, dass diese noch **keine bestandskräftige Anerkennung** hätten und deswegen keinen gewöhnlichen Aufenthalt im Bundesgebiet begründen könnten. Die Gewährung von Jugendhilfeleistungen auf der Grundlage von § 6 Abs. 2 SGB VIII scheidet nach dieser Auffassung daher grundsätzlich aus. Lediglich in Fällen, in denen nach den Regelungen des Haager Minderjährigenschutzabkommens Schutzmaßnahmen erforderlich sind, sind die betroffenen Minderjährigen insoweit deutschen Minderjährigen gleichgestellt (§ 6 Abs. 4 SGB VIII) und in der Kinder- und Jugendhilfe leistungsberechtigt.

Minderjährige Asylbegehrende begründen jedenfalls nach dem Ablauf von **6 Monaten** einen gewöhnlichen Aufenthalt i. S. v. Art. 1 des Haager Minderjährigenschutzabkommens (vgl. BverwG, Urteil v. 24.06.1999 – 5 C 24/98 – FEVS 51 (2000), 152 = DÖV 2000, 204).

b) Rechtmäßiger Aufenthalt

Rechtmäßiger Aufenthalt ist jeder erlaubte Aufenthalt nach dem Aufenthaltsgesetz (AufenthG) oder dem Asylverfahrensgesetz (AsylVfG).

Hinweis: Am **01.01.2005** ist das Zuwanderungsgesetz (ZuwandG) in Kraft getreten, welches das AuslG, das AufenthG-EWG, die DVAuslG und eine Reihe weiterer Vorschriften ersetzt oder abändert. Der Begriff des „Aufenthaltstitels" wurde erstmals mit dem AufenthG eingeführt.

Durch das ZuwandG wurde die Zahl der Aufenthaltstitel auf **drei** reduziert: statt der Aufenthaltsbewilligung, der befristeten und der unbefristeten Aufenthaltsberechtigung sind nur noch folgende Aufenthaltstitel vorgesehen:

- das Visum,
- die (befristete) Aufenthaltserlaubnis und
- die (unbefristete) Niederlassungserlaubnis.

Aufenthaltstitel nach dem Aufenthaltsgesetz		
Visum	**Aufenthalts-erlaubnis**	**Niederlassungs-erlaubnis**
Vor der Einreise: -Schengen-Visum; -nationales Visum	Als „Ersttitel" - kann verlängert werden	Als „Ersttitel" und „Aufstiegstitel" möglich

I. d. R. maximal 3 Monate	Befristet	Unbefristet
Erwerbstätigkeit: Schengen-Visum nur mit gesonderter Erlaubnis Nationales Visum „kann“ kraft Gesetzes oder aufgrund gesonderter Erlaubnis zur Ausübung einer Erwerbstätigkeit berechtigen	„Kann“ zur Ausübung einer selbstständigen Tätigkeit oder Beschäftigung berechtigen kraft Gesetzes oder durch gesonderte Erlaubnis Ein entspr. Vermerk wird auf der Aufenthaltserlaubnis angebracht	Berechtigung zur Ausübung einer Erwerbstätigkeit

c) Ausländerrechtliche Duldung

Kein Aufenthaltstitel ist die ausländerrechtliche **Duldung** gemäß § 60 a AufenthG. Wer eine Duldung besitzt, ist zur Ausreise verpflichtet; die Duldung bewirkt lediglich die Aussetzung der Abschiebung. Sie wird erteilt, wenn die Ausreise entweder aus tatsächlichen Gründen, etwa wegen Passlosigkeit oder Reiseunfähigkeit oder aus rechtlichen Gründen nicht erfolgen kann und eine Aufenthaltserlaubnis nicht erteilt wird.

Literatur

📖 BVerwG Urt. v. 24.06.1999 – 5 C 24.98 – BverwGE 109, 155 ff. = ZfJ 2000, 31 ff.; OVG NW ZfJ 1998, 467 ff.

📖 *Oberloskamp, H.:* Jugendhilfe für junge Ausländer, in: FuR 1992, 61 ff.; 131 ff.;

📖 *Koehn, A./Zieger, M.:* Können junge Asylbewerber Leistungen der Jugendhilfe beanspruchen?, in: InfAuslR 1994, 364 ff.;

📖 *Knösel, P.:* Die rechtliche Situation ausländischer Jugendlicher – Konsequenzen für die Jugendhilfe, in: Jugendhilfe 2000, 123 ff.

I. Die Stellung der Leistungsberechtigten – das Wunsch- und Wahlrecht (§ 5 SGB VIII)

Ein Grundprinzip der Kinder- und Jugendhilfe ist das **sog. Wunsch- und Wahlrecht**, das in § 5 SGB VIII (lesen!) geregelt ist. Bei einem Kernstück der Sozialleistungsorientierung, den Hilfen zur Erziehung, wird es ausdrücklich wiederholt und konkretisiert (§ 36 SGB VIII; lesen).

Das Wunsch- und Wahlrecht besagt, dass Leistungsberechtigte das Recht haben, zwischen Einrichtungen verschiedener Träger zu wählen und Wünsche zu äußern. Das Wahlrecht existiert nur *innerhalb* der feststehenden Leistung. Ein Wahlrecht zwischen unterschiedlichen, austauschbaren Leistungen besteht nicht.

Beispiel 16: Der Leistungsberechtigte kann zwischen mehreren unterschiedlichen Heimen wählen, nicht hingegen zwischen Heim und Pflegefamilie.

Der Wahl und den Wünschen „soll" entsprochen werden, sofern dies nicht mit **unverhältnismäßigen Mehrkosten** verbunden ist. Was genau unter unverhältnismäßigen Mehrkosten zu verstehen ist, ist nicht gesetzlich geregelt. Für Bayern bestimmt eine Verwaltungsrichtlinie, dass Mehrkosten von 20 % als vertretbar gelten. In den anderen Ländern kann dieser Wert als Anhaltspunkt herangezogen werden. Soweit die Mehrkosten 20 % überschreiten, ist im Einzelfall zu differenzieren, inwieweit die Inanspruchnahme der teureren Einrichtung auf Grund ihrer – in der Regel von Vergleichseinrichtungen abweichenden Gestaltung - mit Blick auf den konkreten Hilfebedarf bzw. der Bedeutung des Wunsches erforderlich ist.

Zum Wahlrecht gesellt sich ferner ein **Wunschrecht**, was die **nähere Ausgestaltung der Leistung** betrifft. Auch solchen Wünschen soll bzw. muss entsprochen werden, wenn dies nicht mit unverhältnismäßigen Mehrkosten verbunden ist. Gemäß § 5 Abs. 1 S. 3 SGB VIII sind die Leistungsempfänger auf das Wunsch- und Wahlrecht hinzuweisen. Das Wunsch- und Wahlrecht setzt damit voraus, dass

- eine Leistungsberechtigung besteht,
- verschiedene rechtlich zulässige und fachlich geeignete Angebote, Dienste etc. in Frage kommen und
- keine unverhältnismäßigen Mehrkosten entstehen.

Beispiel 17: *Vgl. OVG Hamburg, Beschl. v. 24. Oktober 1994 – OVG Bs IV 144/94; Fundstelle: NDV 1995, 300 ff.:*

1. Das Wunsch- und Wahlrecht der Leistungsberechtigten bzw. der Personensorgeberechtigten gem. §§ 5, 36 Abs. 1SGB VIII bezieht sich nur auf diejenigen Plätze in Einrichtungen, die nicht nur tatsächlich vorhanden bzw. geschaffen sind, sondern deren Finanzierung insbesondere durch Fördermittel der öffentlichen Jugendhilfe langfristig gefördert und gesichert sind. Eine schrankenlose Anerkennung würde die dem öffentlichen Jugendhilfeträger obliegende Gesamt- und Planungsverantwortung gem. §§ 79, 80 SGB VIII unterlaufen.

2. Bei der Prüfung der unverhältnismäßigen Mehrkosten im Sinne von §§ 5 Satz 2, 36 Abs. 1 Satz 4 SGB VIII kann auch einfließen, dass eine Einrichtung für die nachgefragte Hilfeart bereits Fördermittel erhalten hat und so bei freier Kapazität die Hilfe ohne weitere Zusatzkosten erbringen kann, während bei der Erbringung der Hilfe durch einen anderen, nicht geförderten Träger die Kosten in voller Höhe zusätzlich anfallen würden.

Beispiel 18: *Vgl. BVerwG, Beschluss vom 25.08.1987 – 5 B 50.87; Fundstelle: FEVS 37, 133 ff.:* Zur Verpflichtung des Trägers öffentlicher Jugendhilfe, Hilfe zur Erziehung durch Übernahme der Kosten einer durch einen Träger der freien Jugendhilfe bereits durchgeführten psychotherapeutischen Behandlung zu gewähren.

Schema: Das Wunsch- und Wahlrecht (§§ 5, 36 Abs. 1 S. 3 SGB VIII)	
Voraussetzungen	• Bestehen einer Leistungsberechtigung; • Bestehen verschiedener rechtlich zulässiger und fachlich geeigneter Angebote, Dienste etc. und • keine unverhältnismäßigen Mehrkosten.

Rechtsfolge	Dem Wunsch und der Wahl soll (= muss, es sei denn, es liegt ein atypischer Einzelfall vor) entsprochen werden. Bei der Hilfe zur Erziehung muss dem Wunsch entsprochen werden (§ 36 Abs. 1 S. 3 SGB VIII)
Grenze	Angemessenheit des Wunsches (§ 33 S. 2 i. V. m. § 37 S. 2 SGB I); Unverhältnismäßige Mehrkosten (s. o.)
Rechtsqualität	Entgegen seinem Wortlaut räumt § 5 SGB VIII keinen Rechtsanspruch ein.
Hinweispflicht	Auf das Wunsch- und Wahlrecht sind die Leistungsempfänger hinzuweisen (§ 5 Abs. 1 S. 3 SGB VIII).

Literatur

📖 BVerwG FEVS 37, 133 ff.; OVG HH, NDV 1995, 300 ff., m. Anm. Münder, NDV 1995, 275 ff.
📖 *Münder, J.:* Das Wunsch- und Wahlrecht der Leistungsberechtigten in der Jugendhilfe, in: RsDE 38, 55 ff.;
📖 *Oehlmann-Austermann, A.:* § 5 SGB VIII – Wunsch- und Wahlrecht (Selbstbeschaffung) ohne Grenzen?, in: ZfJ 1997, 455.

J. Die Rechtsstellung des Kindes bzw. Jugendlichen

Dem Staat kommt neben der Erziehungsfunktion der Eltern – mit Ausnahme der auf den Schulbereich beschränkten Befugnisse – kein eigenständiges Erziehungsrecht zu. Diese Konzeption verbietet es zugleich im Regelfall, dem Jugendlichen unmittelbar Erziehungsleistungen anzubieten. In der Konsequenz sind die meisten Leistungen „über den Kopf der Kinder hinweg“ konzipiert und zwar auch dann, wenn sie unmittelbar die Erziehung des Kindes betreffen.

Die Kinder und Jugendlichen sind damit überwiegend lediglich mittelbar Adressaten der Kinder- und Jugendhilfe. Um die Berücksichtigung ihrer Interessen sicherzustellen, enthält § 8 SGB VIII (lesen!) besondere Vorgaben:

- § 8 Abs. 1 SGB VIII: Beteiligung und Information des Kindes bzw. Jugendlichen;
- § 8 Abs. 2 SGB VIII: Recht des Kindes und Jugendlichen auf umfassendes Gehör beim Jugendamt und
- § 8 Abs. 3 SGB VII: Befugnis des Jugendamtes, in bestimmten Notsituationen Kinder und Jugendliche ohne Kenntnis des Personensorgeberechtigten zu beraten.

Weitere Rechte Minderjähriger sind:

- § 36 SGB VIII: spezielle Vorschrift zur Beratung und Aufklärung Minderjähriger bei Leistungen der Hilfe zur Erziehung;
- § 36 SGB VIII: Handlungsfähigkeit des Minderjährigen mit Vollendung des 15. Lebensjahres.
- UN-Kinderrechtskonvention: begründet keine unmittelbaren Rechte Minderjähriger, sondern impliziert eine Staatsverpflichtung der Bundesrepublik Deutschland.

Zweiter Teil: Tätigkeitsfelder der Jugendhilfe

§ 2 Abs. 1 SGB VIII (lesen!) unterteilt die Aufgaben der Jugendhilfe in

- „Leistungen der Jugendhilfe“ und
- „andere Aufgaben der Jugendhilfe“.

„Leistungen der Jugendhilfe“ haben einen reinen Angebotscharakter. Sie werden überwiegend von Trägern der freien Jugendhilfe wahrgenommen und für die Betroffenen besteht – das soeben dargestellte – Wunsch- und Wahlrecht (§ 5 SGB VIII). **„Andere Aufgaben der Jugendhilfe“** stehen dagegen nicht zur Disposition der Betroffenen, sondern kommen aufgrund des nach Art. 6 Abs. 2 GG bestehenden staatlichen Wächteramtes unter Umständen auch gegen den Willen des Betroffenen in Betracht. Die **„anderen Aufgaben der Jugendhilfe“** werden ganz überwiegend von Trägern der öffentlichen Jugendhilfe wahrgenommen.

Mit den in § 2 SGB VIII benannten Aufgaben wird jedoch nicht das gesamte Spektrum der Jugendhilfe erfasst, denn dort sind nicht aufgeführt:

- die Beratung Minderjähriger in Not- und Konfliktlagen gem. § 8 Abs. 3 SGB VIII (lesen!);

- die Beratung von Eltern, Pflege- und Erziehungspersonen gem. § 38 SGB VIII (lesen!);

- die Unterstützung der freien Jugendhilfe durch die Träger der öffentlichen Jugendhilfe gem. § 3 SGB VIII (lesen!);

- die Verpflichtung der öffentlichen Jugendhilfeträger gem. § 79 SGB VIII (lesen!) zur Deckung des gesamten Jugendhilfebedarfs.

Schema: Unterschiede zwischen den Leistungen und anderen Aufgaben der Jugendhilfe		
	Leistungen der Jugendhilfe	**Andere Aufgaben der Jugendhilfe**
Systematisierung im SGB VIII	Zweites Kapitel	Drittes Kapitel
Inanspruchnahme	Freiwillig	Verpflichtend
Wunsch- und Wahlrecht	Umfassend	Eingeschränkt
Verpflichtung zur Gewährleistung	Öffentlicher Träger	Öffentlicher Träger
Wahrnehmung der Leistung/Aufgabe	Träger der freien und öffentlichen Jugendhilfe	Träger der öffentlichen Jugendhilfe (mit Ausnahmeregelung auch freie Träger)
Beispiele	Jugendarbeit, Jugendsozialarbeit und Hilfen zur Erziehung	Inobhutnahme, Herausnahme, Beurkundung, Beglaubigung

A. Die Leistungen der Jugendhilfe

Auf die Bereitstellung von Leistungen durch den Träger der Jugendhilfe haben junge Menschen einen objektiven Rechtsanspruch. Der individuelle Rechtsanspruch einer Person auf eine Leistung ist zum einen davon abhängig, ob die Anspruchsvoraussetzungen und der Leistungsberechtigte im jeweiligen Paragraphen benannt werden. Zum anderen ist ein solcher Rechtsanspruch davon abhängig, inwieweit der Träger der öffentlichen Jugendhilfe zur Leistung verpflichtet ist. Das SGB VIII unterscheidet hier zwischen **Muss-, Soll- und Kann-Leistungen**:

- Der öffentliche Träger ist bei einer **Muss-Regelung in jedem Fall** und

- bei einer **Soll-Regelung im Regelfall** – außer bei begründeten Ausnahmefällen – zur Leistung verpflichtet.

- Lediglich bei **Kann-Leistungen** liegt es **im Ermessen** der Behörde, ob sie die Leistung erbringt oder nicht.

Exkurs: Behördliches Ermessen

Liegen die Voraussetzungen einer Rechtsnorm vor, so kann die Behörde **verpflichtet** sein, sich in einer bestimmten Weise zu verhalten. Man spricht hier von **rechtlich gebundener Verwaltung**. Die Verpflichtung der Behörde, eine bestimmte Rechtsfolge zu setzen, ist in Ausdrücken wie „muss“, „ist zu“, „hat zu“ zu erkennen.

In anderen Fällen ist der Behörde ein Ermessensspielraum eingeräumt. Ermessen liegt vor, wenn das Gesetz bei einem Tatbestand nicht eine bestimmte Rechtsfolge benennt, sondern der Verwaltung einen **Handlungsspielraum** einräumt. Der Ermessensspielraum kommt durch Formulierungen wie „kann“, „darf“, „ist befugt“ oder „hat die Wahl“ zum Ausdruck. Vgl. ausführlich zum Ermessen das Skript „Einführung in das Verwaltungsrecht (AT) 1“ S. 50 ff.

Die Inanspruchnahme von Leistungen basiert generell auf der Basis von Freiwilligkeit und dem Wunsch- und Wahlrecht.

Beispiel 22: Der Jugendliche J kann sowohl darüber entscheiden,

- ob er überhaupt ein offenes Freizeitangebot nutzen möchte als auch
- welches Angebot der verschiedenen Träger am Ort er in welchem Umfang nutzen möchte.

Die Gesamtverantwortung, Gewährleistungspflicht und Planungsverantwortung der Leistungen hat in jedem Fall der öffentliche Träger. Die Durchführung wird in der Regel von freien Trägern der Jugendhilfe (Wohlfahrtsverband, Jugendverband, Initiativen und Vereinen etc.) bzw. vereinzelt auch von öffentlichen und kirchlichen Trägern der Jugendhilfe übernommen.

Gemäß § 2 Abs. 2 SGB VIII gehören zu den Leistungen der Jugendhilfe:

- die Jugendarbeit (§§ 11, 12 SGB VIII);
- die Jugendsozialarbeit (§ 13 SGB VIII);
- der erzieherische Kinder- und Jugendschutz (§ 14 SGB VIII);
- die Förderung der Erziehung in der Familie (§§ 16-21 SGB VIII);
- die Förderung von Kindern in Tagespflege und Tageseinrichtungen (§§ 22-25 SGB VIII);
- die Hilfe zur Erziehung und ergänzende Leistungen (§§ 27-35, 36-40 SGB VIII);
- die Hilfen für seelisch behinderte Minderjährige und ergänzende Leistungen (§§ 35a-37, 39, 40 SGB VIII) und
- die Hilfen für junge Volljährige und deren Nachbetreuung (§ 41 SGB VIII).

Die Leistungen der Jugendhilfe, die häufig beratende Tätigkeiten beinhalten, haben für die Berechtigten nahezu ausnahmslos **Angebots-Charakter**, d. h. ihre Inanspruchnahme basiert auf Freiwilligkeit, kann also im Regelfall nur empfohlen werden. Betreuungsweisungen oder gerichtlich angeordnete ambulante Hilfen nach gefährdungsbedingten Fremdplatzierungen und folgend geplanter Kindesrückführung in das Elternhaus bilden eine Ausnahme – sie sind auch deshalb in der Praxis fragwürdig, weil sie aufgrund mangelnder Freiwilligkeit der Adressaten selten erfolgsversprechend sind.

Für die kommunalen und staatlichen Träger der Jugendhilfe besteht aber gemäß § 3 Abs. 2 Satz 2 SGB VIII (lesen!) die Verpflichtung, entsprechende Angebote vorzuhalten und bei entsprechender Kenntnis im Einzelfall den Betroffenen konkret anzubieten. Denn diesbezüglich handelt es sich um – einklagbare – Rechtsansprüche auf Gewährung der Jugendhilfeleistungen. Das gilt nicht nur für die Beratungsangebote der §§ 17, 18 und 21 SGB VIII, aus denen sich das ausdrücklich ergibt, sondern auch für die anderen als sog. „Soll-Leistungen“ ausgestalteten Jugendhilfeleistungen der §§ 16, 19 und 20 SGB VIII, da diese nur in besonderen, begründeten Ausnahmefällen versagt werden dürfen – wobei z.B. Finanzmangel keinen Rechtfertigungsgrund darstellt.

Zielsetzung aller Jugendhilfeleistungen ist es, Familien durch geeignete Angebote bei ihren Erziehungsaufgaben zu unterstützen und zu ergänzen. Dabei geht das SGB VIII nicht vom traditionellen Familienbegriff des verheirateten Elternpaares mit Kind(ern) aus, sondern versteht darunter die ganze Bandbreite familiärer Strukturen.

Beispiel 23: Ein-Eltern- und Stiefeltern-Familien, unverheiratete Paare mit (nicht notwendig gemeinsamen) Kindern, Pflegeeltern sowie Kinder, die von nahen Verwandten (Tanten/Onkeln, Großeltern etc.) erzogen werden.

I. Die Jugendarbeit (§ 11 SGB VIII)

§ 11 SGB VIII (lesen!) verpflichtet die Kinder- und Jugendhilfe zur Bereitstellung von Angeboten der Jugendarbeit: Entsprechende Angebote **sind** gemäß § 11 Abs. 1 SGB VIII **zur Verfügung zu stellen** („Muss" – Regelung); die Bestimmung stellt eine **objektive Rechtsverpflichtung** des öffentlichen Trägers dar und ist zugleich eine **Aufgabenzuweisungsnorm**. Kommt der öffentliche Träger seiner Verpflichtung nicht oder nicht in ausreichendem Maße nach, verstößt er gegen seine Rechtspflicht aus § 11 Abs. 1 SGB VIII.

Die Rechtsverpflichtung des Jugendhilfeträgers korrespondiert jedoch nicht mit einem individuellen Rechtsanspruch des Einzelnen.

Merksatz: § 11 Abs. 1 SGB VIII eröffnet keine einklagbare individuelle Leistungsberechtigung!

Die Jugendarbeit gemäß § 11 SGB VIII ist ein Angebot, das sich an **alle** jungen Menschen richtet, also keine speziellen Zugangsvoraussetzungen hat und nicht auf sozial benachteiligte oder individuell beeinträchtigte Kinder und Jugendliche abzielt. Sie betrifft vor allem den Freizeitbereich und ist inhaltlich von besonderer Vielfältigkeit und Breite gekennzeichnet.

Die Jugendarbeit unterscheidet sich von den meisten anderen sozialpädagogischen Bereichen dadurch, dass bei ihr Leistungserbringung nur bedingt eine Rolle spielt, d. h. es nicht in erster Linie um Hilfe und Unterstützung geht.

Zu den Schwerpunkten der Jugendarbeit zählen unter anderem

- die außerschulische Jugendbildung (§ 11 Abs. 3 Nr. 1 SGB VIII) und

- die arbeitswelt-, schul- und familienbezogene Jugendarbeit (§ 11 Abs. 3 Nr. 3 SGB VIII).

Im Rahmen der Jugendarbeit wird damit unter Rückgriff auf jugendhilfespezifische Ansätze und Methoden ein eigenständiger Bildungsauftrag wahrgenommen und präventive, schulbezogene Angebote ermöglicht.

Gemeinsam ist den verschiedenen Formen der Jugendarbeit, dass sie zur **Förderung der Entwicklung junger Menschen** dienen sollen. Zudem sieht die gesetzliche Regelung ausdrücklich vor, dass die Angebote an den Interessen junger Menschen anknüpfen und von ihnen mitbestimmt und mitgestaltet werden sollen. Ziel ist es, junge Menschen damit zur Selbstbestimmung zu befähigen, sie zu gesellschaftlicher Mitverantwortung und zu sozialem Engagement anzuregen und hinzuführen sowie die Gleichberechtigung von Mädchen und Jungen zu fördern (§ 9 Nr. 3 SGB VIII).

Die Jugendarbeit ist eine **klassische Domäne der freien Träger**, insbesondere der Jugendverbände.

Beispiel 24: Zu den Angeboten der Jugendarbeit gehören etwa Jugendzentren und –freizeitheime, kinder- und Jugendferienstätten, Jugendzeltplätze und Abenteuerspielplätze. Ebenso zählen dazu auch die politische und kulturelle Jugendbildung, z.B. im Rahmen von Kunstschulen oder Jugendprojekten sowie Angebote der Sportjugend.

Beispiel 25: Zwei Wochen vor den Neuwahlen zum Deutschen Bundestag fanden in den Stadtteilen A und B der Stadt S simulierte Wahlen für nichtwahlberechtigte Kinder und Jugendliche statt, die von der städtischen Einrichtungen der Jugendarbeit vorbereitet worden waren. Der Zeitpunkt ermöglichte die Präsentation der Ergebnisse in den Medien, um somit für die Belange von Kindern und Jugendlichen die größtmögliche Öffentlichkeit zu erreichen. Etwa 3000 Kinder und Jugendliche haben die Möglichkeit genutzt, in einem Wahllokal ihres Stadtteils auf „originalen“ Wahlscheinen ihre Stimme abzugeben. Als Wahllokale dienten Jugendfreizeiteinrichtungen, Schulen und Schulclubs. Daneben gab es Wahllokale an belebten öffentlichen Plätzen sowie mobile Wahllokale, die dorthin fuhren, wo sich viele Kinder und Jugendliche aufhielten. Die Ergebnisse wurden in den jeweiligen Stadtteilen auf „Wahlparties“ vorgestellt. Hierzu wurden Kinder und Jugendliche, Lokalpolitiker und die Medien eingeladen. Die jungen Wähler hatten hier die Möglichkeit, mit den anwesenden Politikern zu diskutieren und ihre Belange deutlich zu machen. Auf welcher rechtlichen Grundlage wurde die simulierte Wahl durchgeführt? Auf welche Weise wurde das gesetzliche Ziel der Jugendarbeit erreicht?

Lösung: Die Kinder und Jugendhilfe der Stadt S hat die simulierte Wahl auf der Grundlage von § 11 SGB VIII SGB VIII durchgeführt. Außerschulische Bildungsarbeit in politischer Hinsicht ist nach § 11 SGB VIII ausdrücklich einer der Schwerpunkte der Jugendarbeit und damit inhaltliche Aufgabe aller in der Jugendhilfe tätigen Einrichtungen und Personen. Dabei sollen die Kinder und Jugendlichen nach § 11 SGB VIII die Angebote mitbestimmen und mitgestalten, um sie zur Selbstbestimmung zu befähigen und zu gesellschaftlicher Mitverantwortung und sozialem Engagement zu befähigen. Da das Interesse der Jugendlichen an Politik jedoch nicht besonders ausgeprägt scheint, ist diese Aufgabe nicht einfach umzusetzen. Erfolgreiche inhaltliche Arbeit mit Kindern und Jugendlichen braucht als Basis immer das eigene Interesse der Adressaten. Deshalb ist die simulierte Wahl geeignet, dieses gesellschaftliche Ereignis als Plattform zu nutzen, um mit Kindern und Jugendlichen über ihre Belange ins Gespräch zu kommen. Auf diese Weise konnte das Projekt konkreten Einfluss nehmen auf die Entwicklung von Kindern und Jugendlichen in politischer Hinsicht. Es sollte klargestellt werden, dass Politik unmittelbar die Belange von Kindern und Jugendlichen berührt.

Schema: Die Jugendarbeit (§ 11 SGB VIII)	
Sachliche Voraussetzungen	Förderung der Entwicklung junger Menschen; dazu gehört: • Befähigung zur Selbstbestimmung; • Anregung gesellschaftlicher Mitverantwortung und soziales Engagement und • Förderung der Gleichberechtigung von Mädchen und Jungen (§ 9 Nr. 3 SGB VIII)
Persönliche Voraussetzungen	Grundsätzlich junge Menschen bis 27 Jahre; Ausnahme: Abs. 4

Rechtsfolge	• Erforderliche Angebote (unbestimmter Rechtsbegriff, ohne Beurteilungsspielraum, kein Ermessen) • Muss-Leistung (für Personen über 27 Jahre Kann-Leistung)
Rechtsanspruch/ Anspruchsberechtigter	nein
Kostenbeteiligung	Teilnahmebeitrag/Gebühr (§ 90 Abs. 1 Nr. 1 SGB VIII)
Landesrecht	Regelt Inhalt und Umfang
Sonstiges	• Angebote sind inhaltlich vielfältig; • Mitbestimmung und Mitgestaltung durch die jungen Menschen

Wichtige Entscheidungen

🕮 OVG NW, NDV-RD 1996, 100 ff.; VG Berlin, , ZfJ 2000, 194 ff.

Literatur

🕮 *Müller, C. u. a.:* Was ist Jugendarbeit? Vier Versuche einer Theorie, München 1964

II. Die Jugendsozialarbeit (13 SGB VIII)

§ 13 Abs. 1 SGB VIII (lesen!) verpflichtet die Kinder- und Jugendhilfe, jungen Menschen, die zum Ausgleich sozialer Benachteiligungen oder zur Überwindung individueller Beeinträchtigungen in erhöhtem Maße auf Unterstützung angewiesen sind, sozialpädagogische Hilfen anzubieten, die

- ihre schulische und berufliche Ausbildung,
- Eingliederung in die Arbeitswelt und
- ihre soziale Integration fördern.

Sowohl nach dem Wortlaut der Gesetzesbestimmung wie auch nach der Begründung des Gesetzesentwurfs durch die Bundesregierung wird deutlich, dass im Mittelpunkt der Jugendsozialarbeit die berufliche Integration steht. Im zeitlichen Kontext der Entstehung des SGB VIII begründet sich diese Schwerpunktsetzung mit der „anhaltenden Jugendarbeitslosigkeit".

Die Jugendsozialarbeit übernimmt gewissermaßen eine **„Anwaltsfunktion"**, gibt mit ihren Angeboten Antworten auf gesellschaftliche Entwicklungen und stellt eine professionelle sozialpädagogische und berufsbezogene Hilfe zur Integration und Verselbstständigung benachteiligter junger Menschen **bis 27 Jahren** dar. Dabei ist die Jugendsozialarbeit dem **präventiven Charakter** des SGB VIII verpflichtet.

Angebote finden insbesondere in folgenden Formen statt:

- Jugendberufshilfen, vor allem Qualifikations- und Beschäftigungsprojekte für den ersten Arbeitsmarkt;
- Migrations- und Integrationshilfen für nichtdeutsche Minderjährige bzw. Kinder- und Jugendliche aus Aussiedlerfamilien; z.B. Sprachkurse und kulturübergreifende, „vernetzende" Veranstaltungen
- Jugendwohnen;
- Schul- und schülerbezogene Jugendsozialarbeit;
- Aufsuchende Jugendsozialarbeit („streetwork").

§ 13 SGB VIII beschreibt in Abs. 1 zunächst, an wen sich die Angebote der Jugendsozialarbeit richten sollen: Junge Menschen, „die zum Ausgleich sozialer Benachteiligungen oder zur Überwindung individueller Beeinträchtigungen in erhöhtem Maße auf Unterstützung angewiesen sind.“ Sodann enthält dieser Absatz auch, welcher Art diese Leistungen sein sollen: es sollen im Rahmen der Jugendhilfe sozialpädagogische Hilfen angeboten werden, die schulische und berufliche Ausbildung der jungen Menschen, ihre Eingliederung in die Arbeitswelt und ihre soziale Integration fördern.

Abs. 2 regelt sozialpädagogisch begleitete Ausbildungs- und Beschäftigungsmaßnahmen in der Jugendhilfe, Abs. 3 die Unterbringung in sozialpädagogisch begleiteten Wohnformen während der Teilnahme an schulischen oder beruflichen Bildungsmaßnahmen oder bei der beruflichen Eingliederung. Abs. 4 die Abstimmung all dieser Maßnahmen mit der Schulverwaltung, der Bundesanstalt für Arbeit, den Trägern betrieblicher und außerbetrieblicher Ausbildung sowie den Trägern von Beschäftigungsangeboten.

Schema: Die Jugendsozialarbeit (§ 13 SGB VIII)	
Sachliche Voraussetzungen	Ausgleich sozialer Benachteiligungen oder Überwindung individueller Beeinträchtigungen
Persönliche Voraussetzungen	Junge Menschen bis 27 Jahre
Rechtsfolge	1. Sozialpädagogische Hilfen zur Förderung der schulischen und beruflichen Ausbildung und der Eingliederung in die Berufswelt als Sollleistung (Abs. 1)

	2. Sozialpädagogisch begleitete Ausbildungs- und Beschäftigungsmaßnahmen als Kann-Leistung (Abs. 2) 3. Unterkunftsgewährung als Kann-Leistung (Abs. 3 S. 1), der Unterhalt und Krankenhilfe einschließt (Abs. 3 S.2)
Rechtsanspruch/ Anspruchsberechtigung	Nein
Kostenbeteiligung	Kostenbeteiligung nur für die Leistung nach Abs. 3 (§ 91 Abs. 1 Nr. 1)
Landesrecht	Regelt Inhalt und Umfang

Literatur

🕮 *Münder,J./ Schruth, P.:* Zur Rechtsqualität von § 13 Abs. 1 SGB VIII, in: ZfJ 2002, 125 ff.

III. Der erzieherische Kinder- u. Jugendschutz, § 14 SGB VIII

Der *erzieherische Jugendschutz* ist in § 14 SGB VIII (lesen!) geregelt.

1. Regelungsbereich

Er beinhaltet die Sicherungsfunktion für die Rechte der Kinder und Jugendlichen auf Erziehung und auf eine gesunde körperliche und geistig-seelische Entwicklung. Der erzieherische Kinder- und Jugendschutz soll die Lebenskompetenz von jungen Menschen fördern, indem Angebote und Maßnahmen zur Verfügung gestellt werden, die Kinder und Jugendliche dazu befähigen sollen, sich vor gefährdenden Einflüssen zu schützen, kritik- und entscheidungsfähig zu werden sowie Eigenverantwortung gegenüber Mitmenschen zu übernehmen.

Erzieherischer Kinder- und Jugendschutz bezeichnet somit den präventiven und pädagogischen Aspekt des Kinder- und Jugendschutzes. Zielgruppen sind u. a. Kinder, Jugendliche und junge Erwachsene, aber auch Eltern und Multiplikatoren.

Die präventiven Maßnahmen des erzieherischen Kinder- und Jugendschutzes beziehen sich auf die verschiedensten Handlungsfelder wie z. B.

- die Suchtprävention – illegale und legale Drogen (Ectasy, Haschisch, Alkohol) und stoffungebundene Suchtformen (Magersucht, Ess-Störungen, Spielsucht);
- die Gewalt an Mädchen und Jungen – familiäre Gewalt, Kindesmisshandlung, sexueller Missbrauch, Vernachlässigung, Kinderpornographie);
- die Gewalt von Jungen und Mädchen (Delinquenz) – aggressives u gewalttätiges Verhalten, Rechtsextremismus;
- die Medienpolitik – Mediennutzungsverhalten von Kindern und Jugendlichen, gefährdende Aspekte des Medienkonsums, Möglichkeiten einer reflektierten und sinnvollen Nutzung von Medien (Fernsehen, Video, Werbung, Computerspiele, Internet)
- aber auch die Gefährdungen durch Okkultismus, Weltanschauungen, Konsum u. v .m.

Beispiel 28: Im Kreis K in Nordrhein-Westfalen kam es in den vergangenen zwei Jahren zu einem dramatischen Anstieg von jugendlichen Drogentoten. In den Innenstadtbereichen formieren sich immer häufiger Gruppen von Jugendlichen, die bereits tagsüber Alkohol konsumieren und Passanten anpöbeln. An mehreren Schulen werden auf den Pausenhöfen von „Dealern“ Ectasy-Tabletten verkauft. Das Kreisjugendamt J des Kreises K sieht aufgrund dieser dramatischen Entwicklung akuten Handlungsbedarf und beabsichtigt, in Zukunft verstärkt im Bereich der Suchtprävention zu arbeiten. Folgende Angebote werden geplant:

- Vorträge von Mitarbeitern der Drogenberatung in Schulen zum Umgang mit Drogen.
- Ein Theaterstück zum Thema „Kinder stark machen gegen Drogen“;
- Das Vorführen des Filmes „Wir Kinder vom Bahnhof Zoo“ und anschließendes Diskussionsforum mit Jugendlichen;
- Mitarbeit in verschiedenen Arbeitskreisen, z. B. „Suchtarbeitskreis K“ bei der Abteilung Gesundheitswesen des Landratsamtes L, Arbeitskreise „Unsere Stadt gemeinsam gegen Drogen“.

Über die Projekte wird umfangreich in der Lokalpresse berichtet. Die Eheleute E sind erbost über das Vorhaben des Kreisjugendamtes und wenden sich mit dem Vorwurf an den Oberkreisdirektor, dass man die Steuergelder wohl kaum für Jugendliche „aus dem Fenster werfen könne", die den ganzen Tag herumgammeln und nichts besseres zu tun haben, als Drogen zu nehmen und zu trinken. Für alte Leute werde vom Kreis kein einziger Cent ausgegeben. Man solle die jungen Leute doch einfach zur Arbeit anregen, dann kämen sie nicht auf dumme Gedanken. Die E forderten den Oberkreisdirektor O auf, darzulegen, ob überhaupt eine gesellschaftliche Verpflichtung zu solchen Maßnahmen bestehe und wenn ja, welche Zielsetzung diese gesetzliche Regelung habe. Was wird O den Eheleuten E mitteilen?

Lösung: O wird den Eheleuten E mitteilen, dass Rechtsgrundlage für die vom Kreisjugendamt geplanten Maßnahmen § 14 SGB VIII ist, der den erzieherischen Jugendschutz regelt und bei dem es sich um eine objektive Rechtsverpflichtung handelt. O wird darlegen, dass es bei dieser Regelung um präventiv ausgerichtete Angebote an junge Menschen, Erziehungsberechtigte etc. geht, die die jungen Menschen u. a. dazu befähigen sollen, sich vor gefährdenden Einflüssen zu schützen. Durch diese präventive Arbeit könne Einfluss auf die verheerende Entwicklung im Kreis K genommen werden.

2. Rechtsnatur und Rechtsfolgen

§ 14 SGB VIII stellt eine **objektive Rechtsverpflichtung** für den öffentlichen Träger dar. Die Bestimmung benennt als Adressaten allgemein junge Menschen und Erziehungsberechtigte und die Rechtsfolgen sind in § 14 Abs. 1 SGB VIII (lesen!) nur sehr allgemein gehalten (Angebote), so dass sich die objektive Rechtsverpflichtung **nicht** zu einem **subjektiven Rechtsanspruch** verdichtet. Der öffentliche Jugendhilfeträger hat somit einen Gestaltungsauftrag, ohne von den Bürgern und Bürgerinnen in Form eines subjektiven Rechtsanspruchs verpflichtet werden zu können.

§ 14 Abs. 2 SGB VIII (lesen!) gibt als lediglich allgemeiner, rechtlich unverbindlicher **Programmsatz** inhaltliche Hinweise zu Ziel und Zweck der Aktivitäten.

Schema: Der erzieherische Kinder- und Jugendschutz (§ 14 SGB VIII)	
Sachliche Voraussetzungen	Schutz vor gefährdenden Einflüssen
Persönliche Voraussetzungen	Junge Menschen bis 27 Jahre und Erziehungsberechtigte
Rechtsfolge	Angebote als Sollleistung
Rechtsanspruch/ Anspruchsberechtigung	Nein
Kostenbeteiligung	Nein
Landesrecht	Regelt Inhalt und Umfang
Sonstiges	Gefährdungen können durch Drogen, andere Sucht, Gewalt usw. bestehen

IV. Die Förderung d. Erziehung i. d. Familie (§§ 16-21 SGB VIII)

Hauptzielsetzung des SGB VIII ist es, die Familien, die heutzutage durch tief greifende, nicht auf den Produktionssektor begrenzte gesellschaftliche Modernisierungs- und Wandlungsprozesse stark belastet werden, bei ihren Erziehungsaufgaben durch geeignete Jugendhilfe-Angebote zu unterstützen. Um diese Zielsetzung hervorzuheben, hat das SGB VIII der **Förderung der Erziehung in der Familie** ein eigenes Kapitel gewidmet (§§ 16-21 SGB VIII; lesen!). Damit wird zugleich der Strukturwandel des Jugendamtes von einer eingreifenden Behörde hin zum **„Partner der Familie“** dokumentiert.

1. Allgemeine Förderung der Erz. in der Familie (§ 16 SGB VIII)

Diese Jugendhilfeleistungen wenden sich gleichermaßen an Eltern und andere Erziehungsberechtigte (Vormund, Pfleger) wie an die jungen Menschen selbst. Sie sollen dazu beitragen, dass die Familien ihre Erziehungsverantwortung besser wahrnehmen können (§ 16 Abs. 1 SGB VIII).

a) Bes. wichtige Jugendhilfeangebote (§ 16 Abs. 2 SGB VIII)

§ 16 Abs. 2 SGB VIII nennt in einem *nicht* abschließenden Katalog besonders wichtige Jugendhilfeangebote:

- Familienbildung, die junge Menschen auf Partnerschaft, Ehe und das Zusammenleben mit Kindern vorbereitet sowie zur Mitarbeit in Kindergärten, Horten, Pflegestellen, Mütter-Zentren u. ä. besser befähigt (Abs. 2 Nr. 1);

- Beratung in allgemeinen Fragen der Erziehung und Entwicklung junger Menschen (Abs. 2 Nr. 2) und

- Familienfreizeit und –Erholung, insbesondere in belastenden Familiensituationen, die bei Bedarf die erzieherische Betreuung der Kinder einschließen (Abs. 2 Nr. 3).

Beispiel 29:

- Angebote der Familienbildungsstätten: Diese Einrichtungen richten sich an alle Bürger. Im Zentrum der Veranstaltungsprogramme stehen zumeist Angebote für werdende und junge Eltern wie Geburtsvorbereitung, Säuglingspflege, Eltern-Kind-Gruppen;
- Selbsthilfegruppen, Angebote der allgemeinen Erziehungs- und Lebensberatung.

Diese Familienhilfen werden häufig von den freien Jugendhilfeträgern erbracht. Den kommunalen Jugendhilfeträgern obliegt hier aber nicht nur die Förderungs- und Finanzierungspflicht, sondern auch die Letztverantwortung (§§ 4, 74, 79 SGB VIII; lesen).

b) Kosten

Die oben unter a) aufgeführten allgemeinen Beratungsangebote sind seit 1993 kostenfrei. Ansonsten können (unter Berücksichtigung der unterschiedlichen Leistungsfähigkeit) abgestufte Teilnahme-Beiträge festgesetzt werden (§ 90 Abs. 1 S. 1 Nr. 2 SGB VIII). Diese können auf Antrag teilweise oder ganz erlassen (oder vom öffentlichen Jugendhilfe-Träger übernommen) werden, wenn die Belastung den Minderjährigen und ihren Eltern oder den jungen Menschen nicht zumutbar ist und die Förderung für die Entwicklung der Minderjährigen oder der der jungen Menschen erforderlich ist (§ 90 Abs. 2 und 4 SGB VIII).

c) Rechtsfolge

Die Leistungen gemäß § 16 SGB VIII sind als **Soll-Leistungen** zu erbringen, d. h. der Jugendhilfeträger ist im Regelfall – außer bei begründeten Ausnahmefällen – zur Leistung verpflichtet. Es handelt sich hierbei um eine **objektive Rechtsverpflichtung**, d. h. der öffentliche Träger ist objektiv-rechtlich verpflichtet, auf diesem Gebiet aktiv zu sein. Diese objektive Rechtsverpflichtung korrespondiert jedoch **nicht** mit einem **subjektiven Rechtsanspruch** eines Leistungsberechtigten.

Beispiel 30 (Abschließender Fall zu § 16 SGB VIII): Aus der Ehe der Eheleute E sind fünf Kinder hervorgegangen. Sohn S ist 5 Jahre alt und besucht seit ungefähr einem Jahr den Kindergarten. S ist ein sehr aktiver Junge - kein Klettergerüst ist ihm zu hoch und er spielt mit Vorliebe bewegungsorientierte Spiele. Allerdings kann S kaum still sitzen und wird schnell nervös und aggressiv. Die Erzieherin E beobachtet die Entwicklung des S und hat den Eindruck, dass sich seine Unkonzentriertheit in den letzten Wochen weiter verschlimmert hat. Auffallend ist außerdem die Spracharmut des Kindes. Bei Erzählungen und Nachbesprechungen von Bilderbüchern ist sein Wortschatz sehr eingeschränkt. Da die Einschulung bevorsteht, wird ein Gespräch mit den Eltern vereinbart. Dort erfährt die Erzieherin von der sichtlich überlasteten M, dass sie zuweilen mit ihren fünf Kindern überfordert ist; ihr Mann sei als Kraftfahrer kaum zu Hause. Der ältere Bruder von S gehe aufgrund von Sprachproblemen in die Diagnose- und Förderklasse. Nach einiger Zeit erklärt sich die Mutter bereit, einen Termin mit der Erziehungsberatungsstelle zu vereinbaren. M und S besuchen die Erziehungsberatungsstelle. Nach mehreren Sitzungen kristallisieren sich zwei Problembereiche heraus: Erstens braucht S dringend Unterstützung in seiner sprachlichen und geistigen Entwicklung.

Zweitens muss die Mutter in ihrem überfordernden Alltag entlastet werden: S nimmt nun wöchentlich an einer Spielgruppe in der Beratungsstelle teil.

Aber auch M erfährt Hilfe: In mehreren Einzelgesprächen mit der Psychologin in der Beratungsstelle wird deutlich, dass die Frau mit ihrer Situation überfordert ist. In erster Linie geht es darum, ihr praktische Unterstützung zur Bewältigung ihrer häuslichen Verpflichtungen zu geben. Hierzu wird – unter Einschaltung des Jugendamtes – Kontakt mit dem Verein „Nachbarschaftshilfe e. V." aufgenommen, der M künftig zweimal pro Woche im Haushalt unter die Arme greifen wird.

1. Auf welche Rechtsgrundlage können die Maßnahmen zugunsten von S und M gestützt werden?

2. Welche persönlichen Voraussetzungen müssen für die Leistungserbringung gegeben sein?

3. Besteht eine Verpflichtung zur Leistungserbringung seitens des Jugendhilfeträgers?

Lösung

Zu 1.) Die einschlägige Rechtsgrundlage für die Maßnahmen zugunsten von S und M ist § 16 SGB VIII – die allgemeine Förderung der Erziehung in der Familie.

Zu 2.) *Anspruchsberechtigt* sind die in § 16 Abs. 1 S. 1 genannten Personen: Mütter, Väter, andere Erziehungsberechtigte und junge Menschen. M (als Erziehungsberechtigte) und S (als junger Mensch) erfüllen die persönlichen Voraussetzungen des § 16 SGB VIII.

Zu 3.) Die Leistungen gemäß § 16 SGB VIII sind als **Soll-Leistungen** zu erbringen, d. h. der Jugendhilfeträger ist im Regelfall – außer bei begründeten Ausnahmefällen – zur Leistung verpflichtet. Es handelt sich hierbei um eine **objektive Rechtsverpflichtung**, d. h. der öffentliche Träger ist objektiv-rechtlich verpflichtet, auf diesem Gebiet aktiv zu sein. Diese objektive Rechtsverpflichtung korrespondiert jedoch **nicht** mit einem **subjektiven Rechtsanspruch** eines Leistungsberechtigten. M und S haben daher keine Möglichkeit, individuell ein Leistungsangebot durchzusetzen.

Schema: Allgemeine Förderung der Erziehung in der Familie (§ 16 SGB VIII)	
Sachliche Voraussetzungen	Stärkung der Erziehungskraft
Persönliche Voraussetzungen	Junge Menschen und Erziehungsberechtigte
Rechtsfolge	Angebote als Soll-Leistung
Rechtsanspruch/ Anspruchsberechtigung	Nein
Kostenbeteiligung	Teilnahmebetrag/Gebühr (§ 90 Abs. 1, Nr. 2) außer für Beratung
Landesrecht	Regelt Inhalt und Umfang

Literatur

🕮 *Textor, M.:* Allgemeine Förderung der Erziehung in der Familie: § 16 SGB VIII, Stuttgart u. a.1996

2. Beratung in Fragen der Partnerschaft, Trennung und Scheidung (§ 17 SGB VIII)

Zu den Leistungen der Jugendhilfe gehört ferner die Beratung in Fragen der Partnerschaft, Trennung und Scheidung (§ 17 SGB VIII). Jedes dritte (in Großstädten jedes zweite Kind) ist im Laufe seiner Kindheit davon betroffen, dass sich Eltern trennen, dass wieder geheiratet wird, dass Stiefgeschwister dazukommen usw. Durch Beratung und spezielle Hilfen soll dazu beigetragen werden, dass beide Elternteile nach der Scheidung ihrer fortbestehenden elterlichen Verantwortung gerecht werden können.

a) Regelungsbereich

Die Jugendhilfeleistungen des § 17 SGB VIII beinhalten die fachliche Beratung in allen Fragen ehelicher oder nichtehelicher Partnerschaft sowie familiären Zusammenlebens, sofern minderjährige Kinder betroffen sind. Durch Unterstützung der Eltern sollen partnerschaftliche Probleme im Interesse der Kinder möglichst *konfliktfrei bzw. konfliktminimierend* gelöst werden. Das gilt insbesondere bei Konflikten und Krisen, die die Partnerschaft oder Familiengemeinschaft bedrohen oder zu ihrer Auflösung führen.

Beispiel 31: Wird eine allein erziehende Mutter krank und wohnen Großeltern und andere Verwandte nicht in der Nähe, sind vorübergehend Hilfen zur Versorgung und Betreuung von Kindern (bis zum Erreichen des 12. Lebensjahres übernehmen Krankenkassen häufig die Kosten) vorgesehen, damit Unterbringungen außerhalb des Elternhauses auf ein Minimum beschränkt werden können (§ 20 SGB VIII).

Voraussetzung für die Beratungsleistung ist das Bestehen einer *Partnerschaft*, d. h. diese ist bewusst nicht an das formale Bestehen der Ehe geknüpft, um sie *allen Müttern und Vätern* zu gewährleisten. Darüber hinaus umfassen die Beratungsleistungen gem. § 17 SGB VIII auch die Beratung junger Menschen, die Probleme oder Konflikte im Zusammenleben mit ihren Eltern (oder deren Partnern) haben oder selbst zu einem partnerschaftlichen Zusammenleben finden wollen (vielleicht unter Ablösung von ihren Eltern).

Gemäß § 17 Abs. 2 SGB VIII (lesen!) sind die Minderjährigen bei allen Beratungsangeboten angemessen einzubeziehen, um zu vermeiden, dass sie innerhalb des Beratungsprozesses lediglich eine Objektposition einnehmen. Dabei ist der jeweilige Entwicklungsstand des Minderjährigen zu berücksichtigen.

Die Vorschrift nennt als Leistungsberechtigte nur Mütter und Väter (und zwar unabhängig von ihrer Sorgeberechtigung) und gewährt ihnen seit 01.07.1998 einen (einklagbaren) Rechtsanspruch auf Beratung. Im Falle einer Scheidung muss das Familiengericht das Jugendamt vom Scheidungsverfahren benachrichtigen, wenn gemeinschaftliche minderjährige Kinder vorhanden sind (§ 17 Abs. 3 SGB VIII).

Allerdings trifft das Familiengericht seit dem 01.07.1998 **von Amts wegen in Scheidungsfällen keine Sorgerechtsregelung mehr**, sondern wird nur noch auf entsprechenden elterlichen Antrag tätig (§ 1671 BGB; lesen). Zielsetzung dieser Änderung war, die Autonomie der Eltern durch Abbau von staatlichen Reglementierungen zu stärken sowie dem Umstand besser Rechnung zu tragen, dass trotz Auflösung der Ehe die Elternverantwortung bestehen bleibt, da zwar die Partnerschaft, nicht jedoch die Elternschaft beendet wird. Das Familiengericht muss aber – weiterhin – das Jugendamt von Scheidungsverfahren benachrichtigen, wenn gemeinschaftliche minderjährige Kinder vorhanden sind, um sicherzustellen, dass die Betroffenen mit ihrer elterlichen Verantwortung nicht „allein gelassen“ werden. So kann das Jugendamt diese rechtzeitig über das Leistungsangebot der Jugendhilfe zur Entwicklung eines einvernehmlichen Konzeptes zur Wahrnehmung der elterlichen Sorge informieren.

b) Rechtsfolge

Bei der Beratung in Fragen der Partnerschaft gemäß § 17 SGB VIII handelt es sich um eine Muss-Leistung, d.h. der Jugendhilfeträger ist in jedem Fall zur Leistung verpflichtet.

Schema: Beratung in Fragen der Partnerschaft und Trennung (§ 17 SGB VIII)	
Sachliche Voraussetzungen	Hilfe bei: • partnerschaftlichem Zusammenleben; • Bewältigung von Konflikten; • Wahrnehmung der Elternverantwortung zum Wohle des Kindes bei Trennung und Scheidung
Persönliche Voraussetzungen	Mütter und Väter

Rechtsfolge	Beratungsangebot als Muss-Leistung
Rechtsanspruch/ Anspruchsberechtigung	ja
Kostenbeteiligung	Nein
Landesrecht	nein

3. Beratung und Unterstützung bei der Ausübung der Personensorge und des Umgangsrechts (§ 18 SGB VIII n. F.)

Im Falle einer Trennung/Scheidung sieht § 18 SGB VIII n. F. (lesen!) **Beratung und Unterstützung für den alleinsorgenden Elternteil** vor. Darüber hinaus erfasst er auch die Situation allein sorgeberechtigter Mütter nichtehelicher Kinder, wobei sich die Beratung auf die Ausübung der Personensorge (Unterstützung in Erziehungsfragen, § 18 Abs. 2 SGB VIII n. F.: Mütter und Väter, die mit dem anderen Elternteil nicht verheiratet sind, haben Anspruch auf Beratung über die Abgabe einer Sorgeerklärung) und die Geltendmachung von Unterhalts- bzw. Unterhaltsersatzansprüchen bezieht (§ 18 Abs. 1 Nr. 2 SGB VIII n. F.: Mütter und Väter, die allein für ein Kind oder einen Jugendlichen zu sorgen haben oder tatsächlich sorgen, haben einen Anspruch auf Beratung und Unterstützung bei der Geltendmachung ihrer Unterhaltsansprüche nach § 1615 l BGB).

a) Beratung und Unterstützung allein Erziehender (§ 18 Abs. 1 SGB VIII)

Da die Zahl unvollständiger Familien ständig zunimmt, gewährt § 18 Abs. 1 SGB VIII (lesen!) allein erziehenden Eltern einen Rechtsanspruch auf Beratung und Unterstützung

- in sämtlichen Angelegenheiten der Personensorge,

  Beispiel 32: Aufenthaltsbestimmung

- aber auch bei der Geltendmachung von Unterhaltsansprüchen. § 18 Abs. 1 Nr. 2 SGB VIII n. F. (= § 18 Abs. 2 SGB VIII a. F.) gibt der Mutter eines Kindes, mit dessen Vater sie nicht verheiratet ist (nichteheliches Kind), für das sie aber das alleinige Sorgerecht besitzt, Anspruch auf Beratung und Unterstützung durch das Jugendamt, ihre eigenen Ansprüche auf Unterhalt (einschließlich Entbindungskosten) gegen den Vater geltend zu machen.

Merksatz: In § 18 Abs. 1 Nr. 2 SGB VIII n. F. geht es um die *eigenen Unterhaltsansprüche der Mutter* eines nichtehelichen Kindes!

Es handelt sich hierbei um den Ersatz der ihr eventuell entstandenen Entbindungskosten sowie weiterer Aufwendungen nach § 1615 l Abs. 1 BGB grundsätzlich für maximal 3 Jahre nach der Entbindung (sog. Betreuungsunterhalt).

- sowie von Unterhaltsersatzansprüchen.

Beispiel 33: Ansprüche nach dem Bundesausbildungsförderungs-, Unterhaltvorschuss- oder SGB XII (bis 31.12.2004: BSHG) oder auf Waisen-Rente

Die Jugendhilfeleistung nach § 18 Abs. 1 SGB VIII beinhaltet fast alle Formen der Beratung und Unterstützung, also nicht nur Information und Aufklärung über bestehende Ansprüche, sondern auch Motivierung oder Bestärkung, diese geltend zu machen. Diese Jugendhilfeleistung beinhaltet aber keine gesetzliche Vertretung (das wäre nur der Fall, wenn das Jugendamt Unterhalts-Beistand oder Unterhalts-Pfleger ist) und es erfolgt auch keine gerichtliche Durchsetzung dieser Ansprüche durch das Jugendamt.

b) Beratung über die Abgabe der Sorgeerklärung (§ 18 Abs. 2 SGB VIII n. F.)

§ 18 Abs. 2 SGB VIII n. F. (lesen!) regelt nunmehr, dass Mütter und Väter, die mit dem anderen Elternteil nicht verheiratet sind, einen Anspruch auf Beratung über die Abgabe einer Sorgeerklärung haben.

Beispiel 34: Abschließender Fall zu § 18 SGB VIII: Die 18-jährige M ist Mutter einer drei Monate alten Tochter T. Ihren Lebensunterhalt stellt M mit mehreren Aushilfstätigkeiten sicher. M lebt mit T bei ihrer Mutter, die T in ihrer Abwesenheit auch beaufsichtigt. Finanzielle Unterstützung erhält M von ihrer Mutter nicht, da diese mit ihrer geringen Rente selbst eher schlecht als recht „über die Runden kommt". Bezüglich des Kindesvaters V gibt M an, dass dieser sie, als er von der Schwangerschaft erfahren habe, sitzen gelassen habe. Zwei Wochen später habe er sie noch einmal angerufen und zu einer Abtreibung drängen wollen. Seither erzählt V überall, dass er nicht der Vater des Kindes sei; M habe ihn mehrfach betrogen. Er sei nicht bereit, auch nur einen Cent zu zahlen. M gibt an, dass keine Zweifel an der Vaterschaft des V bestünden. V habe als Software-Entwickler ein sehr gutes Einkommen und sei daher sicherlich in der Lage, Unterhalt für sie und T zu zahlen. Außerdem befürchtet M, dass V, wenn seine Vaterschaft feststeht, automatisch auch das Sorgerecht für T hat. Auf welche Rechtsgrundlage kann das Beratungsgespräch zwischen M und dem städtischen Jugendamt gestützt werden? Was wird der zuständige Mitarbeiter des Jugendamtes N raten?

Lösung: M hat gemäß § 18 SGB VIII einen Anspruch auf Beratung und Unterstützung bei der Personensorge und der Geltendmachung von Unterhaltsansprüchen. Der Mitarbeiter wird M darüber informieren, dass zunächst die Vaterschaft des V festzustellen ist. M könnte die Einrichtung einer Beistandschaft beim Jugendamt beantragen, um die Vaterschaft des V festzustellen (durch Anerkennung oder gerichtliches Vaterschaftsfeststellungsverfahren) und zur Durchsetzung von Unterhaltsansprüchen der T. Der Mitarbeiter wird M gemäß § 18 Abs. 1 Nr. 2 SGB VIII n. F. darüber aufklären, dass sie selbst möglicherweise Unterhaltsansprüche gegen V nach § 1615 l hat, ihr der Anspruch auf Betreuungsunterhalt aber nur für maximal drei Jahre nach der Entbindung zustehe. Diese Ansprüche würden nicht vom Beistand durchgesetzt, da dieser lediglich T vertrete. Falls sie ihre eigenen Ansprüche gegen V geltend machen wolle, müsse sie sich anwaltlich vertreten lassen.

Ferner wird der städtische Mitarbeiter M darüber informieren, dass T bis zum 12. Lebensjahr Unterhaltsvorschussleistungen nach dem Unterhaltsvorschussgesetz (UVG) gewährt werden könnten; diese könne sie bei der Unterhaltsvorschusskasse beantragen. Allerdings gingen die Unterhaltsvorschussleistungen in Höhe der Leistungsbeträge auf das Land über, d.h. das Land bzw. die Stadt als dessen gesetzlicher Vertreter könne von V Unterhalt in Höhe der Unterhaltsvorschussleistungen zurückfordern.

Was die Personensorge für T angeht, erklärt der Mitarbeiter der M, dass sie das alleinige Sorgerecht für T habe. Gemäß § 1626 a BGB stehe das Sorgerecht über ein nichteheliches Kind allein der Mutter zu (Abs. 2), es sei denn, die Eltern erklären gemeinsam, dass sie ein gemeinsames Sorgerecht haben wollen (§1626a Abs. 1 Nr. 1 BGB).

c) Beratung und Unterstützung Kinder und Jugendlicher bei der Ausübung des Umgangsrechts (§ 18 Abs. 3 SGB VIII)

§ 18 Abs. 3 SGB VIII (lesen!) regelt die **Beratung und Unterstützung Kinder und Jugendlicher bei der Ausübung des Umgangsrechts.**

Jedes Kind hat das Recht auf Kontakte (gesetzlich „Umgang" genannt) mit beiden Elternteilen, und jeder Elternteil ist zu Kontakten mit seinem Kind verpflichtet und berechtigt (§ 1684 Abs. 1 BGB; lesen!). Die gesetzlichen Regelungen gelten für ehelich geborene Kinder ebenso wie für nichtehelich geborene Kinder. Auch Geschwistern und Großeltern stehen Kontakte mit dem Kind zu, wenn sie dem Kindeswohl dienen. Gleiches gilt für Stief- und Pflegeeltern, sofern sie einmal längere Zeit mit dem Kind in häuslicher Gemeinschaft gelebt haben (§ 1685 BGB). Seit dem 01.07.1998 ist gesetzlich anerkannt, dass es in der Regel zum Kindeswohl gehört, Kontakte mit beiden Eltern zu haben.

§ 18 Abs. 3 SGB VIII räumt minderjährigen Kindern einen **Rechtsanspruch auf Beratung und Unterstützung** ein, dass die vorgenannten Personen die Kontakte zu ihnen zu ihrem Wohl wahrnehmen. In der Praxis besteht ein großer Hilfebedarf bezüglich der Durchsetzung förderlicher Kontakte zu diesen Personen, da die Belange des Kindes oft nicht ausreichend berücksichtigt werden. Aus diesem Grunde hat der Gesetzgeber im BGB das Umgangsrecht ausdrücklich zu einem **Recht der Minderjährigen** gemacht; Adressaten des Beratungs- und Unterstützungsanspruchs im Kinder- und Jugendhilferecht sind Kinder und Jugendliche.

Bei der Ausübung von Umgangsrechten und –pflichten kommt es vielfach zu Problemen. Die in § 18 Abs. 3 SGB VIII verankerte Beratungs- und Unterstützungspflicht der Jugendhilfe soll dazu beitragen, dass dem Kind wichtige emotionale und soziale Bindungen und Beziehungen erhalten bleiben und weiterentwickelt werden können. Für die Anbahnung und Ausgestaltung des Umgangs zwischen Kindern, Jugendlichen und den Umgangsberechtigten gilt als oberstes Ziel, Konflikte zu mindern, zu schlichten und entwicklungsfördernde Kontakte zu schaffen. Der Wille des Kindes hat hierbei einen hohen Stellenwert.

Beispiel 35 (Abwandlung zu Beispiel 34): M hat zwischenzeitlich beim Jugendamt der Stadt S eine Beistandschaft zur Feststellung der Vaterschaft und Geltendmachung von Unterhaltsansprüchen zugunsten von T eingerichtet. V hat die Anerkennung der Vaterschaft verweigert, so dass es schließlich zu einem gerichtlichen Vaterschaftsfeststellungsverfahren kommt, in dessen Verlauf M kleinlaut zugibt, doch geschlechtlichen Verkehr mit einem Bekannten B gehabt zu haben. Ein Vaterschaftstest bestätigt, dass B tatsächlich der Vater von T ist. Nachdem B die Vaterschaft für T anerkannt hat, möchte er sich auch um T kümmern. M ist damit einverstanden; durch die regelmäßigen Besuche des B kommen M und er sich näher und ziehen wieder zusammen. Im Laufe der Jahre leben M und B sich immer weiter auseinander. Es kommt es immer häufiger zu Auseinandersetzungen; M sieht keine gemeinsame Zukunft mehr mit B und „schmeißt ihn `raus". T, die inzwischen 12 Jahre alt ist, darf er zunächst noch jedes zweite Wochenende zu sich holen, doch als M einen neuen Lebenspartner kennen lernt, untersagt sie ihm plötzlich jeglichen Kontakt zu seiner Tochter. T wendet sich verzweifelt an das städtische Jugendamt, in der Hoffnung, dass dieses ihr dazu verhelfen kann, V regelmäßig zu sehen. Aus der Schilderung der T ergibt sich, dass sie in den letzten Jahren eine sehr enge Bindung zu V aufgebaut hat und ihn regelmäßig besuchen möchte.
M wird vom zuständigen Mitarbeiter des Jugendamtes zu einem Gespräch eingeladen; sie muss zugeben, dass T ihren Vater sehr vermisst und extrem aggressiv ist, seit sie ihn nicht mehr sehen dürfe. Sie fehlt seither regelmäßig in der Schule und treibt sich in dieser Zeit in der Stadt herum. Sie wendet aber ein, dass T sich daran gewöhnen müsse, dass es nun einen neuen Mann in ihrem Leben gebe, der auch die Vaterrolle hervorragend ausfülle. Auf Dauer sei es besser, wenn sie V nicht mehr sehe. Wie wird das Personal des Jugendamtes vorgehen?

Lösung: § 18 Abs. 3 SGB VIII räumt minderjährigen Kindern einen **Rechtsanspruch auf Beratung und Unterstützung** ein, dass die vorgenannten Personen die Kontakte zu ihnen zu ihrem Wohl wahrnehmen. Im vorliegenden Fall besteht Unterstützungsbedürftigkeit des V bei Ausübung des Umgangsrechts. In der Regel gehört es zum Kindeswohl, dass das Kind Kontakt zu beiden Elternteilen hat. Da V eine sehr enge Bindung zu T hat, was auch M einräumt, dürfte es dem Wohl der T entsprechen, wenn sie Kontakt zu beiden Elternteilen hat. Hinzu kommt, dass T selbst ausdrücklich den Kontakt zu ihrem Vater aufrechterhalten möchte; seit der Unterbindung des Kontakts ist sie aggressiv und fehlt regelmäßig in der Schule. Schließlich ist zu berücksichtigen, dass die Gerichte keine Hindernisse für eine Einschränkung oder einen Ausschluss des Umgangsrechts bei gewolltem Ersatzverhältnis des Kindes zum neuen Lebenspartner (OLG Bamberg, FamRZ 2000, 46; OLG Brandenburg, FuR 2000, 371) sehen. Der Mitarbeiter des Jugendamtes hat somit darauf hinzuwirken, dass entsprechend dem Wohle des Kindes durch Ausübung des Umgangsrechts eine Bindung zum Kindesvater aufrechterhalten wird.

Sollte es nicht gelingen, eine einvernehmliche Lösung zwischen den Eltern zu erzielen, ist eine gerichtliche Bestimmung des Umgangsrechts unausweichlich.

d) Tatbestandsvoraussetzungen und Rechtsfolgen

§ 18 SGB VIII enthält in Abs. 3 S. 2 SGB VIII zunächst programmatische Aussagen zum Ziel und (sozialpädagogischen) Inhalt der Beratung und Unterstützung. Darüber hinaus räumt § 18 SGB VIII den genannten Personen (Mütter, Väter, junge Volljährige und Umgangsberechtigte) in konkreten Lebenslagen (Ausübung der Personensorge) **subjektive Rechtsansprüche** ein. Als subjektiv betroffene Bürger haben diese Personen einen subjektiven Rechtsanspruch auf die genannten Leistungen.

Bei der Prüfung der **tatbestandlichen Voraussetzungen** des § 18 SGB VIII kommt es daher in erster Linie darauf an, dass eine Person zum Adressatenkreis der Vorschrift gehört.

§ 18 SGB VIII stellt bei der Beratung und Unterstützung nicht darauf ab, dass Mütter/Väter formell die alleinige elterliche Sorge haben. Ausreichend ist auch, dass sie **tatsächlich** allein für den Minderjährigen sorgen.

Beispiel 36: Nach ihrer Scheidung üben A und B weiterhin die gemeinsame elterliche Sorge für ihre minderjährige Tochter T aus. T wird – wie in den meisten Fällen – aber tatsächlich von der Mutter A allein betreut.

Wie bereits ausgeführt, sind die Minderjährigen bei § 18 Abs. 3 SGB VIII selbst Inhaber der Rechtsansprüche. Die Beratung und Unterstützung ist so zu gestalten, dass der Minderjährige einen „unverstellten“ Zugang zur Beratung und Unterstützung hat, damit nicht durch einen Elternteil dieser Rechtsanspruch faktisch ausgehebelt werden kann.

Liegen die tatbestandlichen Voraussetzungen des § 18 SGB VIII vor, besteht auf der **Rechtsfolgenseite** ein subjektiver Rechtsanspruch auf „Beratung und Unterstützung“, und zwar in unbedingter Form. Bei der Regelung des § 18 Abs. 3 S. 4 SGB VIII handelt es sich um einen **Regelrechtsanspruch**, so dass den öffentlichen Träger eine Nachweispflicht dafür trifft, dass eine Ausnahmesituation vorliegt. Die Beratung bzw. Unterstützung nach § 18 SGB VIII ist **kostenfrei**.

e) Problemfeld: § 18 SGB VIII und Rechtsberatung

Umstritten ist, ob §§ 17, 18 SGB VIII die Kompetenz der Jugendhilfe auch für **Rechtsberatung** begründen oder ob nur eine soziale Beratung möglich ist. Eine Rechtsberatung nach dem Rechtsberatungsgestz (RBerG) ist grundsätzlich **rechtsberatenden Berufen** vorbehalten. Eine solche Beratung müsste, z.B. über Unterhalts- oder Unterhaltsersatzansprüche sehr allgemein bleiben, wenn es nicht möglich wäre, bezogen auf den konkreten Fall über rechtliche Details zu beraten, Aussagen zum Sachverhalt und zu den Rechtsfolgen zu machen.

Die Jugendhilfeleistung nach § 18 SGB VIII beinhaltet daher fast alle Formen der Beratung und Unterstützung, wie etwa Hilfe bei der Abfassung von Schreiben (z.B. Zahlungsaufforderungen) und Anträgen (z.B. Antrag auf Prozesskostenhilfe) bis hin zur Hilfe beim Erstellen einer Klageschrift.

Literatur

Einen umfassenden Überblick über das Problem der Rechtsberatung durch das Jugendamt gibt der nachfolgende Aufsatz:

📖 *Oberloskamp, Helga: Die Kompetenzen des Jugendamtes gemäß § 18 Abs. 1 KJHG, in: Der Amtsvormund 1997, 66-76.*

Schema: Die Beratung und Unterstützung bei der Ausübung der Personensorge, § 18 SGB VIII	
Sachliche Voraussetzungen	Unterstützungsbedürftigkeit bei Ausübung der Personensorge
Persönliche Voraussetzungen	Mütter oder Väter oder junge Volljährige (auch Umgangsberechtigte, Abs. 3)
Rechtsfolge	Beratung und Unterstützung als Muss-Leistung

Rechtsanspruch/ Anspruchsberechtigung	1. Auf Beratung und Unterstützung bei der Ausübung der Personensorge; 2. der Mutter auf Beratung und Unterstützung bei der Geltendmachung ihres Unterhaltsanspruchs; 3. Rechtsanspruch und Unterstützung bei Ausübung des Umgangsrechts; 4. auf Beratung und Unterstützung des jungen Volljährigen bei Geltendmachung von Unterhaltsansprüchen; 5. auf Beratung über die Abgabe einer Sorgeerklärung
Kostenbeteiligung	Nein
Landesrecht	Nein
Sonstiges	Umgangsberechtigte sind nach §§ 1684, 1685 BGB: Eltern, Großeltern, Geschwister, Stiefgeschwister, Stiefeltern und Pflegeeltern. Das Familiengericht kann dem Umgangsrecht Grenzen setzen, wenn es dem Wohle des Kindes dient oder beschützten Umgang (Anwesenheit Dritter, Videoüberwachung) anordnen. Der Inhalt des Umgangsrechts beinhaltet den Kontakt zum Kind durch Besuche, Telefonate oder Briefe und der Anspruch auf Auskunft über das Kind.

4. Unterstützung in konkret. Lebenslagen (§§ 19-21 SGB VIII)

Die §§ 19-21 SGB VIII sehen Unterstützung der Betroffenen in konkreten, oft schwierigen Lebenslagen vor:

- Gemeinsame Wohnform für Mütter/Väter und Kinder (§ 19 SGB VIII);
- Betreuung und Versorgung des Kindes in Notsituationen (§ 20 SGB VIII) und
- Unterstützung bei notwendiger Unterbringung zur Erfüllung der Schulpflicht (§ 21 SGB VIII).

a) Gemeins. Wohnform für Mütter/Väter/Kinder (§ 19 SGB VIII)

Angebote für junge Mütter und Väter nach § 19 SGB VIII (lesen!) sind ein Teil präventiver Leistungen nach dem SGB VIII. Sie haben ihren Platz daher im zweiten Abschnitt des SGB VIII.

aa) Regelungsbereich

Müttern und Vätern, die allein für ein Kind unter sechs Jahren zu sorgen haben (§ 19 Abs. 1 S. 1 SGB VIII n. F.: „oder tatsächlich sorgen"), sollen nach dieser Vorschrift von der Jugendhilfe gemeinsam mit ihrem Kind Betreuung und Unterkunft in einer geeigneten Wohnform angeboten werden, wenn (und solange) die Mütter/Väter aufgrund ihrer Persönlichkeitsentwicklung dieser zur Unterstützung bei der Pflege und Erziehung ihres Kindes bedürfen. Durch den Aufenthalt in einer betreuten Wohnform erhalten Mütter/Väter die Möglichkeit, mit fachlicher Begleitung eine für sie oft mehrfach belastete Lebenssituation zu bewältigen.

Beispiel 37: Einrichtungen für eine betreute Wohnform gem. § 19 SGB VIII sind beispielsweise: Mutter-Kind-Einrichtungen oder betreute Wohnformen wie etwa Wohngemeinschaften

In die Betreuung werden auch ältere Kinder einbezogen, sofern diese Elternteile auch für sie allein zu sorgen haben (§ 19 Abs. 1 SGB VIII). Zwar nennt § 19 SGB VIII – geschlechtsneutral – auch Väter, in der Praxis bestehen allerdings fast nur Wohnformen für

Mütter und Kinder. Seit 1993 können auch Schwangere in diesen Wohnformen betreut werden. Für eine schwangere Frau kann es dabei auch um die Frage nach Alternativen wie z. B. eine Freigabe des Kindes zur Adoption gehen. § 19 Abs. 3 SGB VIII sieht – als Annexleistung – auch den notwendigen Unterhalt und die Krankenhilfe nach § 40 SGB VIII vor.

In jedem Fall stellt der Träger Wohnraum bereit, verbunden mit dem für die Zielgruppe notwendigen Betreuungs- und Beratungsangebot. Den allein Erziehenden stehen qualifizierte Fachkräfte in den Einrichtungen zur Seite.

Über die Gewährung der Leistung nach § 19 SGB VIII entscheidet das örtlich zuständige Jugendamt im Einzelfall.

Kostenüberlegungen dürfen bei der Gewährung der Hilfe **nicht mit einfließen**. Allerdings können die betreffenden Elternteile bzw. die Schwangeren (nicht jedoch deren Eltern) sowie deren eventuellen Ehegatten zu den Kosten herangezogen werden, es sei denn, Ziel und Zweck der Maßnahme würden sonst gefährdet oder es liegt ein Härtefall vor (§ 91 Abs. 4 und 5, § 93 Abs. 6 SGB VIII).
Beachte: Diese Einrichtungen sind nicht zu verwechseln mit Frauenhäusern, in denen die Zuflucht vor dem Partner im Vordergrund steht und somit generell keine Jugendhilfeleistungen, sondern gemäß § 67 SGB XII (bis zum 31.12.2004: § 72 BSHG) Sozialhilfeleistungen in Betracht kommen.

bb) Tatbestand und Rechtsfolgen

§ 19 SGB VIII hat folgende **tatbestandlichen Voraussetzungen**: der zu unterstützende Elternteil hat die alleinige elterliche Sorge für ein Kind.

Bei Beginn der Hilfe darf das Kind das 6. Lebensjahr noch nicht vollendet haben (für den alleinsorgeberechtigten Elternteil nennt das Gesetz hingegen keine Altersgrenze; auch die in § 7 Abs. 1 Nr. 4 SGB VIII genannte Altersgrenze gilt nicht).

Der allein erziehende Elternteil muss aufgrund seiner **Persönlichkeitsentwicklung** unterstützungsbedürftig sein. Der Begriff der Persönlichkeitsentwicklung wird in einem umfassenden Sinne dahin gehend verstanden, dass der Elternteil die Erziehungsverantwortung für sein Kind übernehmen kann, damit dessen Wohl gesichert ist. Gemeint sind vor allem emotionale, intellektuelle und materielle Ressourcen.

§ 19 SGB VIII räumt den Müttern/Vätern bzw. Schwangeren einen **subjektiven Rechtsanspruch** auf die Betreuung in einer geeigneten Wohnform ein, und zwar in Form eines **Regelrechtsanspruchs**. Verweigert der öffentliche Träger den genannten Personen die Leistung, ist er für das Vorliegen einer Ausnahme nachweispflichtig.

Literatur

🕮 *Wiesner, R.:* § 19 SGB VIII als Grundlage für die Hilfegewährung in gemeinsamen Wohnformen für Mütter/Väter und Kinder aus der Sicht des Gesetzgebers, in: NDV 1998, 225 ff.

Beispiel 38 (Abschließender Fall zu § 19 SGB VIII): Als die 17-jährige A von ihrer Schwangerschaft erfährt, steht für sie fest, dass sie das Kind auf keinen Fall behalten möchte. Gegenüber ihrer behandelnden Ärztin erklärt sie, dass der Vater des Kindes eine flüchtige Disko-Bekanntschaft sei. Sie kenne noch nicht einmal seinen Namen. Außerdem wolle sie zunächst die Schule beenden. Ihre Mutter habe sie selbst mit 17 Jahren bekommen und habe ihr bis heute vorgehalten, dass sie ihr ihr Leben „versaut" habe. Sie und ihre Mutter hätten immer vom Sozialamt gelebt und sie wolle nicht, dass es ihr – geschweige denn einem Kind - genauso ergehe. Einige Tage später erscheint A zu einem Gespräch bei der städtischen Schwangerschaftskonfliktberatung. Schnell wird deutlich, dass A sich bezüglich einer Abtreibung doch nicht so sicher ist, wie sie es zunächst erklärt hat. Als der zuständige Mitarbeiter ihr vorschlägt, doch einmal über die Möglichkeit nachzudenken, das Kind zur Welt zu bringen und später zur Adoption freizugeben oder aber Unterstützung in Form von betreutem Wohnen anzunehmen, wird M immer unsicherer. Als ihr schließlich seitens des städtischen Jugendamtes die konkrete Möglichkeit eröffnet wird, mit fünf anderen schwangeren Frauen in einer Wohngruppe zu leben und rund um die Uhr intensiv betreut zu werden, ist A sich hundertprozentig sicher, dass sie das Kind behalten möchte.

Einige Wochen später zieht A in die Wohngruppe „Arche Noah" ein. Innerhalb des Gruppenrahmens kann A sich – vor allem im Gespräch mit den anderen werdenden Müttern – auf die Geburt und das Mutter-Sein vorbereiten. Eine permanent zur Verfügung stehende Sozialarbeiterin bereitet A auf ihre zukünftige Mutterrolle vor, indem sie mit ihr etliche Gespräche führt, A für einen Geburtsvorbereitungs- und Säuglingspflegekurs anmeldet u. v. m. Nachdem A wenige Monate später eine Tochter zur Welt gebracht hat, wird sie aus dem Gruppenrahmen entlassen und wechselt in ein Appartement im selben Haus, in dem sie mit ihrem Kind allein lebt, die Anbindung zu den anderen Gruppenmitgliedern aber bestehen bleibt. A wird weiterhin sozialpädagogisch betreut, bis sie in der Lage ist, die neue Lebenssituation mit ihrem Kind eigenverantwortlich zu regeln.

Bereits wenige Wochen nach der Geburt kann A wieder die Schule besuchen; seitens des Jugendamtes wird die Betreuung des Kindes in dieser Zeit sichergestellt. A kann so ihren Schulabschluss machen. Auf welche Rechtsgrundlage kann die betreute Wohnform gestützt werden?

Lösung: Die einschlägige Rechtsgrundlage für das betreute Wohnen ist § 19 SGB VIII.

b) Die Betreuung und Versorgung des Kindes in Notsituationen (§ 20 SGB VIII)

Fällt der Elternteil, der bisher ein noch nicht 14 Jahre altes Kind überwiegend betreut hat, aus gesundheitlichen oder anderen zwingenden Gründen aus, so soll gemäß § 20 Abs. 1 SGB VIII der andere Elternteil bei der Betreuung und Versorgung dieses im Haushalt lebenden Kindes unter bestimmten Voraussetzungen unterstützt werden.

aa) Tatbestandsvoraussetzungen

Gemäß § 20 SGB VIII (lesen!) soll bei Ausfall des betreuenden Elternteils eine Unterstützung bei der Betreuung und Versorgung des im Haushalt lebenden Kindes erfolgen, wenn

1. der andere Elternteil wegen berufsbedingter Abwesenheit nicht in der Lage ist, diese Aufgaben wahrzunehmen, *und*
2. diese Hilfe zur Gewährleistung des Kindeswohls erforderlich ist *und*
3. keine ausreichenden Tages-Betreuungsangebote vorhanden sind.

Beachte: Die vorstehenden Voraussetzungen müssen **kumulativ**, d.h. nebeneinander vorliegen.

(1) Betreuung eines Kindes

Die Gewährung von Jugendhilfeleistungen nach § 20 Abs. 1 SGB VIII setzt voraus, dass (mindestens) ein Minderjähriger, der das 14. Lebensjahr zu Beginn der Leistung noch nicht erreicht hat (§ 7 Abs. 1 Nr. 1 SGB VIII), im Haushalt lebt.

(2) Ausfall des betreuenden Elternteils aus gesundheitlichen oder anderen zwingenden Gründen

Weitere Voraussetzung ist, dass aus gesundheitlichen oder anderen zwingenden Gründen entweder der Elternteil, der bisher die überwiegende Betreuung des Kindes übernommen hat, diese Aufgabe nicht mehr wahrnehmen kann (§ 20 Abs. 1 SGB VIII) oder beide Eltern oder der allein erziehende Elternteil ausfallen (§ 20 Abs. 2 SGB VIII). Bei der Frage der überwiegenden Betreuung durch einen Elternteil ist ausschließlich auf die tatsächlichen Verhältnisse abzustellen.

„Ausfall" ist nicht gleichbedeutend mit „physischer Abwesenheit". Auch wenn die Betreuungsperson weiterhin im familiären Haushalt lebt, kann sie der Aufgabe der Kinderbetreuung möglicherweise nicht gewachsen sein. Hierfür müssen allerdings gesundheitliche oder andere zwingende Gründe ursächlich sein.

Beispiel 39: Als zwingende Gründe kommen etwa Krankheit (einschließlich Debilität, Drogen-, Tabletten-, Alkoholabhängigkeit), Unfall, Kur, Entbindung, Inhaftierung und Tod in Betracht. Nicht anerkannt werden hingegen der Beginn einer Ausbildung bzw. Berufsausübung oder die Trennung vom anderen Elternteil. „Andere zwingende Gründe" müssen mit gesundheitlichen Gründen vergleichbar sein.

(3) Berufsbedingte Abwesenheit des anderen Elternteils (§ 20 Abs. 1 Nr. 1 SGB VIII)

Der Leistungsanspruch nach § 20 Abs. 1 SGB VIII setzt weiter voraus, dass der andere Elternteil wegen seiner berufsbedingten Abwesenheit zur Betreuung und Versorgung des Kindes nicht in der Lage ist. Weitere Gründe hierfür werden nicht anerkannt.

(4) Erforderlichkeit der Hilfe

Konkrete Jugendhilfeleistungen nach § 20 SGB VIII müssen zur Gewährleistung des Kindeswohls erforderlich sein. Maßgeblich sind hierbei das Alter der zu betreuenden Kinder und ihr konkreter Entwicklungsstand. Die Erforderlichkeit der Hilfe hängt weiterhin davon ab, ob anderweitige private Hilfsmöglichkeiten vorhanden und ausreichend sind.

Beispiel 39: Verwandte, Nachbarn oder Freunde

bb) Rechtsfolgen

Bei Ausfall der Hauptbetreuungsperson soll der andere Elternteil bei der Betreuung und Versorgung des in seinem Haushalt lebenden Kindes unterstützt werden. Durch welche konkreten Hilfeleistungen die Unterstützung erfolgen soll und wer diese durchführen soll, ist gesetzlich nicht näher bestimmt.

Neben der körperlichen Pflege sowie der Sicherstellung der Ernährung und Reinigung der Wohnräume gehören dazu die Beaufsichtigung und Erziehung, Hausaufgabenbetreuung und Spiel mit dem Kind.

cc) Kosten

Bei der Gewährung der Hilfe nach § 20 SGB VIII dürfen Kostenüberlegungen nicht mit einfließen. Allerdings können die Eltern zu den Kosten herangezogen werden, es sei denn, Ziel und Zweck der Maßnahme würden sonst gefährdet oder es liegt ein Härtefall vor (§ 91 Abs. 4 und 5, § 93 Abs. 6 S. 2 SGB VIII).

c) Die Unterstützung bei notwendiger Unterbringung zur Erfüllung der Schulpflicht (§ 21 SGB VIII)

Die in § 21 SGB VIII geregelte Jugendhilfeleistung betrifft eine spezielle Situation: Es geht um Unterstützung in den Fällen, in denen aufgrund **berufsbedingter Umstände** der Eltern **die Erfüllung der Schulpflicht der Kinder nicht hinreichend sichergestellt werden kann**.

Beispiel 40: Schausteller, Binnenschiffer, Artisten, Schauspieler

Nach § 21 S. 1 SGB VIII haben die Eltern zunächst Anspruch auf Beratung und Unterstützung, damit z.B. geeignete Stellen und Einrichtungen benannt werden können, in denen Kinder und Jugendliche zum Zweck einer kontinuierlichen Schulausbildung untergebracht werden können.Darüber hinaus kann nach Satz 2 „in geeigneten Fällen“ die Unterbringung in einer für das Kind oder den Jugendlichen geeigneten Wohnform erfolgen.

aa) Tatbestandsvoraussetzungen

§ 21 verlangt in sachlicher Hinsicht als Voraussetzungen, dass

- es sich um einen berufsbedingten ständigen Ortswechsel handelt *und*
- deswegen die Erfüllung der Schulpflicht nicht sichergestellt werden kann.

Die mangelnde Sicherstellung des Schulbesuchs muss sich daraus ergeben, dass den Eltern die Erziehung des Kindes oder Jugendlichen nicht an dem Ort möglich ist, an dem oder von dem aus das Kind oder der Jugendliche der schulischen Ausbildung nachgehen soll. Zu prüfen ist deshalb, in welchem Umfang beide Elternteile berufstätig sind und ob sie nach Lage der Dinge auch weiterhin berufstätig sein müssen (BVerwG FEVS 41, 407, 413). Nur, wenn nach dem Ergebnis dieser Prüfung auch die Möglichkeit ausscheidet, die Erziehung und Betreuung des Kindes oder Jugendlichen im Interesse einer kontinuierlichen Schulausbildung am gewählten Aufenthaltsort durch wenigstens einen Elternteil zu sichern, kommt die Leistung in Betracht.

Die Schulpflicht richtet sich nach Landesrecht und umfasst auch die Berufsschulpflicht. Die Leistungsgewährung nach § 21 S. 2 SGB VIII setzt voraus, dass ein **„geeigneter Fall“** vorliegt. In persönlicher Hinsicht setzt § 21 SGB VIII die **Personensorgeberechtigung** für das Kind voraus.

bb) Rechtsfolgen

Auf der Rechtsfolgenseite sieht § 21 SGB VIII zunächst einen Anspruch des Personensorgeberechtigten auf **Beratung und Unterstützung** vor, auf welche Weise sie diese spezielle Situation bewältigen können.

§ 21 S. 2 SGB VIII erweckt den Eindruck, es handele sich um eine Ermessensvorschrift („...können die Kosten...übernommen werden“). Bei der Ausfüllung des unbestimmten Rechtsbegriffs „in geeigneten Fällen“ sind jedoch bereits alle auch im Rahmen der Ermessensbildung denkbaren rechtserheblichen Gesichtspunkte zu berücksichtigen, so dass daneben für eine eigenständige Ermessensprüfung kein Raum mehr bleibt.

Bei der Beurteilung, ob ein „geeigneter Fall" vorliegt, ist neben den gesamten Lebensumständen der Eltern und des Kindes oder des Jugendlichen auch die präventive Zielsetzung der Vorschrift zu berücksichtigen. Liegt ein solcher geeigneter Fall vor, so können die Kosten für die Unterbringung übernommen werden.

Beispiel 41: Als Unterbringungsformen kommen nicht nur Jugendhilfeeinrichtungen, sondern z.B. auch Pflegestellen und Internate in Betracht.

cc) Kosten

Hinsichtlich der Kosten der Unterbringung ist eine Heranziehung der Minderjährigen und deren Eltern grundsätzlich möglich (§ 91 Abs. 1 Nr. 3 SGB VIII).

5. Die Förderung von Kindern in Tageseinrichtungen und Tagespflege (§§ 22-26 SGB VIII)

Die **Förderung von Kindern in Tageseinrichtungen und Tagespflege** ist in den §§ 22-26 SGB VIII geregelt. Es handelt sich um einen bedeutsamen Bereich der Kinder- und Jugendhilfe.

a) Die Tageseinrichtungen (§§ 22, 24, 24 a SGB VIII)

Tageseinrichtungen sind:

- für Kinder unter drei Jahren: Krippen, Krabbelstuben, Kinder-Nester;
- für Kinder ab drei Jahren bis zum Schuleintritt: Kindergärten, Kindertagesstätten;
- für Schulkinder: Horte oder ähnliche Einrichtungen.

Zum gesetzlichen Aufgabenkatalog der Tageseinrichtungen nach § 22 Abs. 1 und 2 SGB VIII gehören die Betreuung, Bildung und Erziehung der Kinder sowie die Förderung ihrer Entwicklung zu einer eigenverantwortlichen und gemeinschaftsfähigen Persönlichkeit. Einen weiteren wichtigen Aufgabenbereich stellt die Aufsichtspflicht dar. Das Leistungsangebot der Tageseinrichtungen soll sich pädagogisch und organisatorisch an den Bedürfnissen der Kinder und ihrer Familien orientieren (§ 22 Abs. 2 S. 2 SGB VIII).

Dies beinhaltet insbesondere flexible Öffnungszeiten morgens und abends sowie in den Schulferien für Kindergärten und Horte für berufstätige Eltern. Die in den Tageseinrichtungen tätigen Fachkräfte und andere Mitarbeiter sollen mit den Erziehungsberechtigten zum Wohle der Kinder zusammenarbeiten und diese an Entscheidungen wesentlicher Angelegenheiten beteiligen (§ 22 Abs. 3 SGB VIII).

Für Kinder ab 3 Jahren bis zum Schuleintritt besteht seit 1996 – bundesweit – ein **Rechtsanspruch auf einen Kindergartenplatz** (vgl. § 24 Abs. 1 S. 1 SGB VIII). Daran ändert auch der Umstand nichts, dass die einzelnen Bundesländer „Näheres über Inhalt und Umfang" dieser Jugendhilfeleistungen regeln und das Kindergartenwesen dem Bildungsbereich zuweisen können.

Beispiel 42: vgl. OVG Lüneburg, Beschl. v. 24.01.2003 – 4 ME 596/02: Der am 15.10. 1999 geborene S, gesetzlich vertreten durch seine Eltern, begehrt vom Antragsgegner – dem örtlichen Träger der öffentlichen Jugendhilfe -, darauf hinzuwirken, dass ihm ein Kindergartenplatz in einer Vormittagsgruppe zur Verfügung gestellt wird. Die Eltern des S meldeten diesen vor Vollendung seines 3. Lebensjahres sowohl bei den vier in ortsnaher Umgebung gelegenen Kindergärten als auch bei der Stadt E an, die für den Antragsgegner Jugendhilfemaßnahmen u. a. betreffend den Bereich der Förderung von Kindern in Tageseinrichtungen wahrnimmt. Zur Begründung verwiesen sie darauf, dass sie beide vormittags berufstätig seien und deshalb dringend für S eine Vormittagsgruppe benötigten. Die Stadt teilte den Eltern nach Rücksprache mit den Trägern der Kindergärten mit, dass ein Vormittagsplatz nicht zur Verfügung stehe, sie bemühe sich aber, schnellstmöglich einen Platz in einer Nachmittagsgruppe zu schaffen. S hat sodann vor dem Verwaltungsgericht beantragt, den Antragsgegner durch einstweilige Anordnung zu verpflichten, darauf hinzuwirken, dass ihm ein Kindergartenplatz in einer Vormittagsgruppe zur Verfügung gestellt wird, hilfsweise, die Kosten für eine Tagespflegestelle zu übernehmen. War der Antrag des S erfolgreich?

Lösung: Das Verwaltungsgericht hat den Antrag abgelehnt, in der nächsten Instanz hat das Oberverwaltungsgericht der Beschwerde stattgegeben. Nach § 12 des Niedersächsischen Kindertagesstättengesetzes in der Fassung der Bekanntmachung v. 07.02.2002 – NdSKiTaG – hat jedes Kind vom vollendeten dritten Lebensjahres bis zum Schuleintritt nach Maßgabe des § 24 SGB VIII einen Anspruch auf den Besuch einer Vormittagsgruppe eines Kindergartens oder einer dem Kindergarten entsprechenden Kindertagesstätte. Der Anspruch ist möglichst ortsnah zu erfüllen.

Entgegen der Ansicht des Verwaltungsgerichts ist der Anspruch nicht durch den angebotenen Platz in der Nachmittagsgruppe als erfüllt anzusehen. Zwar enthält § 24 keine nähere Angabe dazu, ob der Anspruch während des Vormittags oder während des Nachmittags zu erfüllen ist, jedoch ist ein Platz im Hinblick auf die bevorzugte Arbeitszeit regelmäßig vormittags anzubieten. Dementsprechend gewährt § 12 Abs. 3 S. 1 NdsKiTaG einen Anspruch auf Prüfung und Berücksichtigung der besonderen sozialen Situation der Familie. Daraus folgt, dass sich das eingeräumte Ermessen in Fällen einer besonderen sozialen Situation soweit verdichten kann, dass nur die Gewährung eines Kindergartenplatzes in die Vormittagsgruppe in Betracht kommt.

Im vorliegenden Fall haben die Eltern des S in ausreichender Weise vorgetragen, dass sie beide vormittags berufstätig seien und daher für S gerade für vormittags einen Kindergartenplatz benötigen. Die Berücksichtigung dieser besonderen familiären Situation führt zu dem Ergebnis, dass sich das eingeräumte Ermessen so weit verdichtet, dass nur die Gewährung eines Platzes in der Vormittagsgruppe ermessensfehlerfrei ist. Für S ist daher ein entsprechender Platz sicherzustellen.

Ergänzender Hinweis: Das entsprechende landesrechtliche Gesetz in Nordrhein-Westfalen ist das Gesetz über Tageseinrichtungen für Kinder – GTK vom 29. Oktober 1991.

Durch das KICK wurde mit § 24 Abs. 4 SGB VIII n. F. (lesen!) die Verpflichtung der Jugendämter oder der von ihnen beauftragten Stellen eingeführt, Eltern oder Elternteile, die Leistungen nach Absatz 1 oder Absatz 2 in Anspruch nehmen wollen, über das Platzangebot im örtlichen Einzugsbereich und die pädagogische Konzeption der Einrichtungen zu informieren und sie bei der Auswahl zu beraten. Landesrecht kann bestimmen, dass Eltern das Jugendamt oder die beauftragte Stelle innerhalb einer bestimmten Frist vor der beabsichtigten Inanspruchnahme der Leistung in Kenntnis setzen.

Die Eltern werden zu den Kosten herangezogen. Die Länder können hierfür Kriterien festlegen, insbesondere eine Staffelung. Eine Staffelung kann etwa vorgenommen werden nach Einkommen und Zahl der Kinder oder der Familienangehörigen. Außerdem kann ein Verzicht (teilweise oder ganz) in Härtefällen oder eine Übernahme durch die Kommunen (§§ 90 Abs. 1, 91 Abs. 2 SGB VIII) bestimmt werden.

b) Die Tagespflege (§ 23 SGB VIII)

Als Alternative zur Betreuung in Tageseinrichtungen sieht § 23 Abs. 1 SGB VIII zwei familiäre Formen der Tagesbetreuung (und zwar halbtags wie ganztags) vor, nämlich im Haushalt der Pflegeperson oder im Haushalt der Personensorgeinhaber. Die hier tätig werdenden Personen werden meist Pflegeeltern (oder auch: Tages-Pflegeeltern) oder Tages-Mütter genannt. Sie sollen mit den Personensorgeinhabern zum Wohle des Kindes zusammenarbeiten. Diese Pflegepersoneninhaber haben Anspruch auf Beratung durch die Jugendhilfe (§ 23 Abs. 2 und 4 SGB VIII).

Den Tagespflegepersonen sollen die „entstehenden Aufwendungen einschließlich der Erziehungskosten" vom Jugendamt ersetzt werden, wenn die Tagespflege für das Kindeswohl geeignet und erforderlich ist (§ 23 Abs. 3 SGB VIII). Dieses „Tagespflegegeld" steht bei entsprechender Geeignetheit und Erforderlichkeit auch Verwandten des Kindes zu, z.B. Großeltern. Die Heranziehung der Eltern zu diesen Kosten entspricht jener Handhabung bei Tageseinrichtungen (siehe oben).

c) Die Unterstützung selbst organisierter Förderung von Kindern (§ 25 SGB VIII)

Zunehmend organisieren Mütter, Väter und andere Erziehungsberechtigte die Förderung und Betreuung ihrer Kinder selbst. Diese Elterninitiativen, Mütter-/Eltern-Familien-Zentren, die sich durch stärkere Mitverantwortung der einzelnen Eltern auszeichnen, sollen von der Jugendhilfe beraten und unterstützt werden (§ 25 SGB VIII). Dazu zählen auch finanzielle Hilfen.

Literatur

🕮 *Bock-Pünder, S.:* Rechtsanspruch auf Besuch eines Kindergartens, Berlin 1998;

🕮 *Fischer, L./ Mann, H.:* Neuere Rechtsprechung zu den Entgelten für den Besuch eines Kindergartens, in: NVwZ 2002, 794 ff;

🕮 *Georgii, H.:* Rechtsanspruch auf einen Kindergartenplatz, in: NJW 1996, 686 ff.

🕮 *Lakies, T.:* Zum Rechtsanspruch auf einen Kindergartenplatz gemäß § 24 KJHG, in: ZfJ 1993, 271 ff.;

🕮 *ders.:* Neues zum Rechtsanspruch auf einen Kindergartenplatz, in: ZfJ 1996, 299 ff.;

🕮 *ders.:* Rechtliche Perspektiven in der Kindertagespflege, in: JH 1999, 22 ff.

6. Die Hilfe zur Erziehung (§§ 27-35 SGB VIII)

Der Begriff **„Hilfe zur Erziehung“** (§§ 27-35 SGB VIII) bezeichnet eine Hilfe, die ein breites Spektrum individueller pädagogischer und/oder therapeutischer Maßnahmen zusammenfasst. Anspruch auf Hilfe zur Erziehung haben die Personensorgeberechtigten, also in der Regel die Eltern, sonst der Vormund bzw. Pfleger, wenn eine dem Wohl des Kindes oder des Jugendlichen entsprechende Erziehung nicht gewährleistet und die Hilfe für seine Entwicklung geeignet und notwendig ist (§ 27 Abs. 1 SGB VIII; lesen!).

Die Auswahl der konkreten Hilfen zur Erziehung hat allein nach pädagogischen Gesichtspunkten anhand des jeweiligen Einzelbedarfs zu erfolgen. Dabei ist die gesamte Lebens- und Familiensituation der Minderjährigen zu berücksichtigen und der Verhältnismäßigkeitsgrundsatz zu beachten (d.h. es darf nur so viel wie unbedingt nötig in die Lebensverhältnisse der Betroffenen eingegriffen werden – Stichwort „Hilfe zur Selbsthilfe“).

Von den Angeboten zur Förderung der Erziehung in der Familie (siehe oben) der §§ 16-21 SGB VIII unterscheiden sich die Hilfen zur Erziehung dadurch, dass Erstere allgemeine Beratungsangebote darstellen, während es sich bei den Hilfen zur Erziehung um einzelfallbedingte Angebote handelt, bei denen die speziellen Voraussetzungen des § 27 Abs. 1 SGB VIII erfüllt sein müssen.

a) Leistungsvoraussetzungen gemäß § 27 Abs. 1 SGB VIII

§ 27 Abs. 1 SGB VIII ist die Grundnorm des Anspruchs auf Hilfe zur Erziehung. Die Norm beinhaltet eine Reihe unbestimmter Rechtsbegriffe, weil dem Wortlaut Anspruchsvoraussetzungen und Rechtsfolgen nicht eindeutig zu entnehmen sind. Durch die Rechtsdogmatik ist allerdings inzwischen geklärt, dass zu den Voraussetzungen der Hilfe zur Erziehung folgendes gehört:

- ein **erzieherischer Bedarf**, der durch die Erziehungsleistung der Eltern nicht gedeckt werden kann,
- die **Geeignetheit** und
- die **Notwendigkeit** der erzieherischen Hilfe.

Die Tatbestandsvoraussetzungen sind **unbestimmte Rechtsbegriffe**, die der Auslegung bedürfen.

aa) Erzieherischer Bedarf

Wenn eine dem Wohl de Kindes oder Jugendlichen entsprechende **Erziehung nicht gewährleistet ist**, hat ein Personensorgeberechtigter nach § 27 Abs. 1 SGB VIII einen Anspruch auf Hilfe. Eine dem Wohl des Kindes oder Jugendlichen entsprechende Erziehung ist nicht gewährleistet, wenn ein **erzieherischer Bedarf** im Einzelfall vorliegt und diese **Mangellage** durch die Erziehungsleistung der Eltern nicht behoben werden kann. Es kommt also auf einen (objektiven) Mangel an, nicht auf einen (subjektiven) Makel in der Person des Erzogenen oder des Erziehers, vielmehr genügt ein objektiver Ausfall der Erziehungsleistung, ohne dass dieser Ausfall vorwerfbar sein muss.

Die Mangellage ist zu messen am Ziel der Erziehung, also der **Gewährleistung des Kindeswohls**. Inhaltlich wollte der Gesetzgeber mit dem Begriff „Wohl des Minderjährigen" an die Regelung des § 1666 BGB anknüpfen. Allerdings setzt der Leistungsanspruch des § 27 SGB VIII auf einer niedrigeren Stufe an als § 1666 BGB: während § 1666 BGB für den Fall, dass das Wohl des Kindes gefährdet ist, dem Staat ein **Eingriffsrecht** einräumt, greift § 37 SGB VIII bereits dort ein, wo das Kindeswohl nicht mehr gewährleistet ist; zu einer Gefährdung muss es gar nicht erst kommen.

Entscheidend kommt es darauf an, ob bei der Erziehung des Minderjährigen ein *Mindeststandard* sichergestellt werden kann, der im Hinblick auf Sozialisation und Erziehung erwartet werden kann. Fehlen dem Minderjährigen Aufwachsbedingungen, die bei einem wesentlichen Teil anderer Minderjähriger vorliegen, wird dieser Mindeststandard nicht erreicht, d. h. der Minderjährige wächst in einer schlechteren Sozialisationslage heran. Das Kindeswohl betrifft in einem sich wandelnden gesellschaftlichen Definitionsprozess neben seiner leiblichen Existenz stets seine gesamte geistige und seelische Entwicklung zu einer selbstbestimmten und gemeinschaftsfähigen Persönlichkeit.

Ob eine dem Kindeswohl entsprechende Erziehung gewährleistet ist oder nicht, ist im Rahmen einer **Einzelfallprüfung** festzustellen. Eine adäquate Erziehung nach § 27 Abs. 1 SGB VIII ist dann nicht gegeben, wenn Faktoren vorliegen, die die Entwicklung zu einer eigenverantwortlichen und gemeinschaftsfähigen Persönlichkeit behindern.

bb) Geeignetheit

Weitere Tatbestandsvoraussetzung ist, dass eine Hilfe zur Erziehung geeignet ist, die Mangellage zu beseitigen. Sie ist es nicht, wenn die Eltern nicht mitwirkungsbereit sind; ferner dann nicht, wenn nicht die in §§ 28-35 SGB VIII genannten Hilfearten, sondern andere Leistungen nach dem SGB VIII oder außerhalb des SGB VIII tauglich sind, den Mangel zu beseitigen.

Beispiel 43: In folgenden Fällen handelt es sich **nicht** um eine Hilfe zur Erziehung:

a) Die Eltern des K sind ständig beruflich unterwegs, so dass eine auswärtige Unterbringung des K zur Erfüllung der Schulpflicht notwendig ist. Hierbei handelt es sich nicht um eine Hilfe zur Erziehung, sondern eine Hilfe nach § 21 SGB VIII.

b) G wächst als Einzelkind auf, wodurch es zu einem Defizit in seiner sozialen Entwicklung gekommen ist. Durch familienergänzende und –unterstützende Hilfen, insbesondere gem. § 24 SGB VIII, ist dieser Entwicklung entgegenzuwirken.

c) Beide Elternteile des B sind berufstätig, so dass Tagespflege gem. § 23 SGB VIII in Betracht kommt.

d) Hingegen kann Hilfe zur Erziehung angebracht sein bei Mangellagen, die verursacht sind durch Erziehungsfehler der Eltern, z. B. Überbehütung.

cc) Notwendigkeit

Als weiteres Tatbestandsmerkmal hinzutreten muss, dass Hilfe zur Erziehung **notwendig** ist. Notwendig kann immer nur eine geeignete Hilfe sein. Unter der Vielzahl der geeigneten Hilfen ist nur die Hilfe notwendig, die die Mangellage am besten beseitigen kann.

Notwendig ist eine Hilfe auch dann, wenn sie teurer als eine andere, aber zur Beseitigung des Mangels besser geeignet ist. Auch wenn der Mangel zwar durch die Selbsthilfe der Eltern (z. B. durch Aufgabe der Berufstätigkeit eines Elternteils) beseitigt werden könnte, was tatsächlich aber nicht geschieht, ist eine Hilfe notwendig.

b) Rechtsfolgen

Wenn die tatbestandlichen Voraussetzungen erfüllt sind, besteht ein **einklagbarer Rechtsanspruch** auf Hilfe zur Erziehung (nach § 27 Abs. 4 SGB VIII n. F. umfasst die Hilfe zur Erziehung auch die Unterstützung bei der Pflege und Erziehung eines Kindes, das ein Kind oder eine Jugendliche während ihres Aufenthaltes in einer Einrichtung oder einer Pflegefamilie gebirt). Auf die Ursache bzw. ein Verschulden der Eltern kommt es dabei nicht an. Der erzieherische Bedarf setzt aber nicht bereits eine Gefährdung des Kindeswohls voraus, wie sie in § 1666 BGB für Maßnahmen des Familiengerichts zugrunde gelegt wird, da es ein vorrangiges Ziel ist, mit Hilfen möglichst zeitnah einzusetzen. Die Feststellung des Bedarfs sowie die Entscheidung über die geeigneten und notwendigen pädagogischen und therapeutischen Leistungen wird gemeinsam mit den Eltern sowie dem Kind oder Jugendlichen getroffen.

c) Einzelne Arten d. Hilfe zur Erziehung (§ 27 Abs. 2 SGB VIII)

Das Gesetz enthält **keinen abschließenden Katalog** der im Einzelfall geeigneten Maßnahmen, sondern zählt nur **Beispiele typischer Formen der Hilfe zur Erziehung** auf. Gemäß § 27 Abs. 2 SGB VIII sind „insbesondere“ folgende Hilfen zur Erziehung vorgesehen, die nachfolgend im Einzelnen dargestellt werden:

- Erziehungsberatung (§ 28 SGB VIII);
- Soziale Gruppenarbeit (§ 29 SGB VIII);
- Erziehungsbeistand/Betreuungshelfer (§ 30 SGB VIII);
- sozialpädagogische Familienhilfe (§ 31 SGB VIII);
- Erziehung in einer Tagesgruppe (§ 32 SGB VIII);

- Vollzeitpflege (§ 33 SGB VIII);
- Heimerziehung, sonstiges betreutes Wohnen (§ 34 SGB VIII) und
- Intensive sozialpädagogische Einzelbetreuung (§ 35 SGB VIII).

Alle Hilfen sind grundsätzlich gleichrangig. Die im Einzelfall geeignete und notwendige Hilfeart ist zu gewähren. Das bedeutet, dass auch Heimerziehung die von vornherein geeignete und notwendige Hilfe sein kann, ohne dass vorher andere weniger einschneidende und teure Hilfen angeboten werden (Übermaßverbot).

Es können auch andere neuentwickelte und nicht in den §§ 28-35 SGB VIII geregelte Hilfen gewährt werden, sofern sie geeignet und notwendig erscheinen.

Hinzuweisen ist auf die Neuregelung des § 27 Abs. 2 S. 2 SGB VIII n. F.(lesen!), wonach die Hilfe in der Regel im Inland zu erbringen ist; sie darf nur dann im Ausland erbracht werden, wenn dies nach Maßgabe der Hilfeplanung zur Erreichung des Hilfezieles im Einzelfall erforderlich ist. Durch die Einführung dieses Regel-Ausnahme-Verhältnisses sollen in Zeiten „knapper Kassen" mit dem Kriterium der „Erforderlichkeit" kostenintensive Auslandsaufenthalte vermieden werden, die in *keinem angemessenen Verhältnis zur Erreichung des Hilfeziels stehen.* Die im Einzelfall verantwortliche Fachkraft muss künftig im Hilfeplan nachvollziehbar begründen, warum eine Erbringung im Inland nicht Erfolg versprechend ist.

Auf die Problematik der Hilfeerbringung im Ausland wird im Einzelnen noch im Zusammenhang mit der Intensiven sozialpädagogischen Einzelbetreuung (s. u. Ziff. 6 k)) eingegangen.

Neu eingeführt durch das KICK wurde auch die Regelung des § 27 Abs. 2a SGB VIII n. F. (lesen!). Entgegen der bisherigen Rechtsprechung des Bundesverwaltungsgerichts erhalten danach künftig auch unterhaltspflichtige nahe Verwandte, welche eine Vollzeitpflege für das Kind übernehmen, einen Anspruch auf Hilfe zur Erziehung sowie auf Hilfe zum Unterhalt.

d) Die Erziehungsberatung (§ 28 SGB VIII)

Die **Erziehungsberatung** gemäß § 28 SGB VIII (lesen!) soll Kinder, Jugendliche, Eltern und andere Erziehungsberechtigte bei der Klärung individueller und familienbezogener Probleme und der zugrunde liegenden Faktoren, bei der Lösung von Erziehungsfragen sowie bei Trennung und Scheidung unterstützen. Dabei sollen Fachkräfte verschiedener Fachrichtungen zusammenwirken, die mit unterschiedlichen methodischen Ansätzen vertraut sind.

Neben den Erziehungsberatungsstellen können die Aufgaben auch von anderen Diensten und Einrichtungen wahrgenommen werden, sofern die Voraussetzung erfüllt wird, dass hier Fachkräfte verschiedener Fachrichtungen, die mit unterschiedlichen methodischen Ansätzen vertraut sind, zusammenwirken (Sozialarbeit/Sozialpädagogik, Kinder- und Jugendlichenpsychotherapie, Recht, Medizin und Pädagogik/Psychologie).

Die Inanspruchnahme der Erziehungsberatung erfolgt freiwillig, ist kostenlos und vertraulich (§ 65 SGB VIII, § 203 Abs. 1 Nr. 4 SGB VIII). Diese gewollte Niedrigschwelligkeit, die es Rat suchenden Eltern oder Jugendlichen ermöglicht, sich direkt an eine Erziehungsberatungsstelle zu wenden, unterscheidet die Erziehungsberatung als Hilfe zur Erziehung von anderen Hilfeformen.

e) Die soziale Gruppenarbeit (§ 29 SGB VIII)

Die Teilnahme an **Sozialer Gruppenarbeit** (§ 29 SGB VIII) soll älteren Kindern und Jugendlichen bei der Überwindung von Entwicklungsschwierigkeiten und Verhaltensproblemen helfen.

Beispiel 44: Gewaltsame Konfliktaustragung; geringe oder fragwürdige soziale Kontakte; Orientierung an Suchtmitteln; strafbare Handlungen oder die Einbindung in gewaltbereite Gruppen

Soziale Gruppenarbeit soll auf der Grundlage eines gruppenpädagogischen Konzepts die Entwicklung älterer Kinder und Jugendlicher durch soziales Lernen in der Gruppe fördern. In der Praxis sind für diese Hilfe zur Erziehung unterschiedliche Bezeichnungen gebräuchlich, z.B. Konfliktbewältigungs-, Anti-Aggressions-, soziale Trainings-Kurse. Dabei stehen drei methodische Schwerpunkte im Vordergrund:

- der handlungs- und erlebnisorientierte Ansatz (Freizeitpädagogik);
- der themenorientierte Ansatz (verbale Methoden) und
- eine Mischform aus beiden Ansätzen.

Beispiel 45: Der Jugendliche J besucht die 6. Klasse einer Hauptschule im Berliner Stadtteil Kreuzberg. J ist türkischer Herkunft; zu Hause wird ausschließlich türkisch gesprochen, so dass J erhebliche Sprachschwierigkeiten hat. In der Schule fällt J im Klassenverband durch aggressives Verhalten gegenüber den Mitschülern und Lehrern auf. Die Klassenlehrerin K lädt die Eltern des J zu einem Gespräch ein, um die problematische Situation des J zu besprechen und eine Lösung zu finden.

In dem Gespräch zeigen die Eltern sich kooperativ und sind bereit, der negativen Entwicklung des J entgegenzuwirken. Die K hatte sich bereits vor dem Gespräch bei der AWO nach der Möglichkeit zur Teilnahme des J an einer Gruppenarbeit gemäß § 29 SGB VIII erkundigt. Speziell für Kinder mit sogenanntem Migrationshintergrund besteht dort eine Gruppe, die sich speziell auf die Behebung sprachlicher Probleme sowie die Integration innerhalb der Schule konzentriert. Zunächst weigert J sich, an der Gruppenarbeit teilzunehmen; der erste Termin macht ihm jedoch so viel Spaß, dass er fortan regelmäßig teilnehmen will.

Mit dem Angebot der AWO sollen Kinder mit Migrationshintergrund sprachlich und sozial gefördert werden. Dabei spielen die Gruppenbetreuer als Sprachvorbilder eine ebenso große Rolle wie die Ausgestaltung der pädagogischen Angebote, die die Sprache als Medium in den Mittelpunkt stellen. Durch Rollenspiele lernen die Jugendlichen einen spielerischen Umgang mit Sprache; Diskussionsrunden zu Themen, die die Jugendlichen persönlich betreffen, sollen möglichst in deutscher Sprache abgehalten werden. Zu einem Treffen wird ein lokaler „Rap-Musiker“ eingeladen, der mit den Jugendlichen über seine Liedtexte spricht. Zum Abschluss der Gruppenarbeit, die auf ein halbes Jahr angelegt ist, fahren die Jugendlichen für ein Wochenende nach Weimar und besuchen dort u. a. eine Aufführung im Nationaltheater. Durch enge Zusammenarbeit mit den Eltern der Jugendlichen wird versucht, darauf hinzuwirken, in der Familie verstärkt deutsch zu sprechen. Die soziale Gruppenarbeit wurde für J vom zuständigen Jugendamt finanziert.

f) Der Erziehungsbeistand/Betreuungshelfer (§ 30 SGB VIII)

Erziehungsbeistände und Betreuungshelfer (§ 30 SGB VIII; lesen!) sollen Minderjährige bei der Bewältigung von Entwicklungsproblemen – möglichst unter Einbeziehung des sozialen Umfelds – unterstützen und unter Erhaltung des Lebensbezugs zur Familie ihre Verselbständigung fördern. Dabei sind die Eltern oder sonstige Erziehungsberechtigte einzubeziehen. Aufbau einer Vertrauensbasis und Akzeptanz bei gleichzeitiger fachliche Distanz zeichnen die Arbeit der Erziehungsbeistände und Betreuungshelfer aus. Sie besitzen keine Kontroll- oder gar Einzelbefugnisse und auch kein Zugangs- oder Auskunftsrecht.

Es handelt sich hier um eine **mittel- bis längerfristig angelegte** (häufig länger als ein Jahr andauernde) **ambulante Hilfe zur Erziehung.** Anlässe sind persönliche, familiäre, schulische und/oder soziale Schwierigkeiten bis hin zu Straftaten (in diesem Fall kann das Jugendgericht nach § 12 Jugendgerichtsgesetz (JGG) anordnen, eine solche Hilfe in Anspruch zu nehmen).

Die Erziehungsbeistandschaft wird vorwiegend für Kinder im Alter von 12 bis 17 Jahren eingesetzt; im Zentrum stehen Beratungsgespräche mit dem minderjährigen Kind und seinen Eltern, wobei die Unterstützung in erster Linie dem Minderjährigen gilt. Ein wichtiges Merkmal dieser Jugendhilfeleistung ist die Wahrung von Kontinuität, d.h., dass eine bestimmte Person für den Jugendlichen zuständig ist und personelle Wechsel möglichst vermieden werden sollen. Die Leistung kommt dann in Betracht, wenn der Minderjährige einer intensiven Betreuung durch eine Einzelperson bedarf und ein Gruppenprozess wie in § 29 SGB VIII nicht angebracht oder erforderlich ist. Voraussetzung ist ferner, dass der Jugendliche zur Mitarbeit bereit ist und im Familienverband verbleiben kann.

Neben dem Erziehungsbeistand nennt § 30 SGB VIII den **Betreuungshelfer.** Es handelt sich hierbei um eine ambulante Maßnahme, zu welcher der Jugendliche im Rahmen des Jugendstrafverfahrens gem. § 10 Abs. 1 Nr. 5 JGG verpflichtet werden kann. Gemäß § 41 Abs. 2 SGB VIII (lesen!) wird die Hilfe gem. § 41 Abs. 2 SGB VIII ebenfalls jungen Volljährigen gegenüber erbracht.

g) Die sozialpädagogische Familienhilfe (§ 31 SGB VIII)

Sozialpädagogische Familienhilfe (SPFH) ist eine Hilfe zur Erziehung für Eltern/Alleinerziehende mit Kindern und/oder Jugendlichen in familiären Belastungs- und Krisensituationen.

Beispiel 47: Erziehungsdefizite oder häufige Schulverweigerung einzelner oder mehrerer Kinder; Überforderung der Eltern bei der Kinderbetreuung, Haushaltsführung, Alltagsbewältigung; organische oder psychische Erkrankungen oder Alkohol-, Medikamenten-, Drogen-Missbrauch einzelner Familienmitglieder (bei einem Elternteil – besteht bei beiden eine derartige Abhängigkeit, gilt dies zumeist als Ausschlusskriterium für eine SPFH; hier wird die Vorschaltung einer Suchttherapie erwartet); Partner-Verlust durch Trennung, Scheidung oder Tod; Arbeitslosigkeit; schlechte Wohnsituation; hohe Verschuldung, Armut; soziale Isolation.

Sie wird in und mit der Familie und in ihrem sozialen Umfeld geleistet und soll auch Gruppenangebote für Familien und Netzwerkarbeit im Gemeinwesen einbeziehen. Die SPFH soll durch intensive Betreuung und Begleitung die Familie

- bei ihren Erziehungsaufgaben,
- bei der Bewältigung von Alltagsproblemen,
- bei der Lösung von Konflikten und Krisen (innerhalb und außerhalb der Familie),
- beim Kontakt mit Ämtern und anderen Institutionen

unterstützen und Hilfe zur Selbsthilfe geben. Sie ist in der Regel auf längere Dauer angelegt und erfordert die Mitarbeit der Familie. Personensorgeberechtigte haben nach §§ 27, 31 SGB VIII darauf einen **individuellen Rechtsanspruch**; die SPFH ist eine Leistung des örtlichen Trägers der öffentlichen Jugendhilfe nach §§ 77 und 85 Abs. 1 SGB VIII. In der Praxis wird die SPFH meist vom Jugendamt initiiert und koordiniert und häufig von freien Trägern durchgeführt. Wie alle Hilfen zur Erziehung setzt SPFH das Einverständnis der Betroffenen voraus. Sie erfordert darüber hinaus ausdrücklich die Mitarbeit der Familie. Dabei müssen Wunsch- und Wahlrecht (§ 5 SGB VIII; s. o.) und das Verfahren der Mitwirkung, Hilfeplanung (§ 36 SGB VIII; s. u.) sowie die Bestimmungen des § 1666a BGB (Trennung des Kindes von der elterlichen Familie) beachtet werden. Eine Kostenbeteiligung der Familie entfällt (§ 91 SGB VIII).

h) Die Erziehung in einer Tagesgruppe (§ 32 SGB VIII)

Die Erziehung in einer Tagesgruppe ist in § 32 SGB VIII geregelt und bildet die Schnittstelle zwischen ambulanten und stationären Hilfen, wird von Jugendämtern jedoch häufig den stationären Maßnahmen zugeordnet. Nach § 27 SGB VIII hat der/die **Personensorgeberechtigte** einen Anspruch auf diese Hilfe zur Erziehung. Das Tagesgruppenangebot kommt für Kinder und Jugendliche infrage, für die ein Betreuungsbedarf im Rahmen der Hilfen zur Erziehung besteht und gleichzeitig das Einüben angemessenen Sozialverhaltens und lösungsorientierte Konfliktfähigkeit zentrale Lernziele der Maßnahme sind.

Bei der Betreuung in einer Tagesgruppe steht die Entwicklung einer verlässlichen Tagesstruktur für die Wahrnehmung und Erledigung der alltäglichen Aufgaben und Tätigkeiten in der Schule und im Freizeitbereich im Vordergrund. Die Kinder und Jugendlichen erhalten Anleitung und Unterstützung in den Bereichen Verhalten in Gruppen, Einordnung in die Schule, Erledigung der Aufgaben und Pflichten in Schule und Elternhaus sowie bei der Freizeitgestaltung. Die Eltern werden über eine regelmäßige Elternarbeit in den pädagogischen Alltag der Tagesgruppe einbezogen und können hier einen veränderten Umgang mit ihren Kindern erlernen. Eine enge Zusammenarbeit mit der Schule und Freizeiteinrichtungen im Umfeld der Kinder und Jugendlichen ist eine Grundvoraussetzung für den Erfolg der Arbeit. Durch diese Hilfe ist der Verbleib der Kinder und Jugendlichen in der Familie gesichert.

Üblicherweise ist diese Hilfe zur Erziehung für Kinder und Jugendliche zwischen 7 bis 15 Jahren vorgesehen, wobei keine Altersbeschränkung vorgesehen ist.

Beispiel 48: Der X-Verein in Köln bietet folgendes Tagesgruppenangebot gem. § 29 SGB VIII an: Für Kinder im Alter zwischen 7 bis 15 Jahren besteht die Möglichkeit einer Teilnahme an einer Tagesgruppe, die in zwei Untergruppen mit jeweils 8 Kindern unterteilt ist. Je nach Situation und Intention wird diese Gruppe weiter unterteilt, oder zu einer Großgruppe zusammengefasst. Dadurch entstehen unterschiedliche Lernumfelder und Anforderungssituationen, die sich im Tagesablauf abwechseln. In den Kleingruppen werden die Mahlzeiten eingenommen und die Kinder erfahren hier in ruhiger Atmosphäre die notwendige Unterstützung bei den Hausaufgaben.

Sport, Spiel und Freizeitaktivitäten können in der Kleingruppe oder gruppenübergreifend stattfinden. Die Einrichtung ist an 210 Tagen geöffnet; an Schultagen werden die Kinder und Jugendlichen in der Einrichtung von 11 bis 17.00 Uhr betreut. Die Belegung der Einrichtung erfolgt durch das Jugendamt als Hilfe zur Erziehung auf der Rechtsgrundlage des § 27 i. V. m. § 32 SGB VIII. Zur Zielgruppe für das Tagesgruppenangebot gehören Kinder und Jugendliche im Alter von 7 bis 15 Jahren, die aufgrund individueller und situativer Belastungsfaktoren einer besonderen Förderung bedürfen, die weder von Eltern geleistet noch durch ambulante Hilfen ausreichend abgedeckt werden kann. Die Grundversorgung des Kindes/ Jugendlichen in der Familie muss jedoch gewährleistet sein. Die Eltern/ Sorgeberechtigten sind wesentliche Kooperationspartner und müssen daher bereit sein, an den Veränderungsprozessen mitzuwirken.

i) Die Vollzeitpflege (§ 33 SGB VIII)

Eine weitere Form der Hilfe zur Erziehung für Kinder und Jugendliche ist die **Vollzeitpflege in einer anderen Familie** gemäß § 33 SGB VIII (lesen!). Nach § 1 SGB VIII hat jeder Mensch ein Recht auf Förderung seiner Entwicklung und auf Erziehung zu einer eigenverantwortlichen und gemeinschaftsfähigen Persönlichkeit. Wird dieses in der Herkunftsfamilie des Kindes nicht geleistet, so kann die Vermittlung in eine Pflegestelle notwendig werden. Das Ziel der Unterbringung in Vollzeitpflege kann dementsprechend in zweierlei Richtung einschlagen: entweder die Rückführung in die Herkunftsfamilie oder der dauerhafte Ersatz der Herkunftsfamilie durch eine Pflegestelle. Die Bedürfnisse des Kindes oder Jugendlichen sind dabei der Maßstab sozialpädagogischer Entscheidung.

aa) Anforderungen an die Pflegefamilie

Durch den Begriff der „anderen Familie“ wird in § 33 SGB VIII eine Abgrenzung zur Herkunftsfamilie des Kindes oder Jugendlichen vorgenommen, d. h. zu der Familie, in der der Minderjährige ursprünglich mit seinen Eltern gelebt hat. Nach diesem Verständnis gehören andere Verwandte nicht zur Herkunftsfamilie.

Beispiel 49: Die Großeltern G übernehmen für ihren minderjährigen Enkel E die Vollzeitpflege gem. § 33 SGB VIII.

Als Pflegefamilie gelten Familien oder Einzelpersonen, die Kinder und Jugendliche regelmäßig betreuen, erziehen und ihnen Unterkunft in ihrer Familie gewähren. Bei der Vermittlung von Kindern und Jugendlichen in Vollzeitpflegestellen wird ein „offener" Familienbegriff zugrunde gelegt, d. h. auch unverheiratete Paare oder Einzelpersonen können Vollzeitpflege durchführen, wenn sie Erziehungsarbeit entsprechend den jeweiligen Bedürfnissen leisten können. Aus den individuellen Bedürfnissen der Kinder und Jugendlichen ergeben sich besondere Anforderungen an die Pflegefamilie. Erfolgreiche Pflegeverhältnisse korrelieren mit einem „durchlässigen" Familiensystem. Offenheit für die Identifikationen, Prägungen und Bedürfnisse des Kindes sind ebenso notwendig wie die Akzeptanz der „doppelten Elternschaft". Pflegeeltern müssen grundsätzlich zur Kooperation mit der Herkunftsfamilie bereit und fähig sein, ebenso zur Zusammenarbeit mit dem Jugendamt.

bb) Rechtsgrundlagen zur Stellung der Pflegefamilie

Für die Pflegefamilie relevante Rechtsgrundlagen finden sich im SGB VIII und im BGB. § 1630 Abs. 3 BGB regelt, dass im Falle einer Familienpflege **das Vormundschaftsgericht** auf Antrag Angelegenheiten der elterlichen Sorge (§§ 1626 ff BGB) auf die Pflegeeltern übertragen kann. In der Praxis wird jedoch eher nach § 38 SGB VIII (lesen!) verfahren, der aussagt, dass Personen, die Vollzeitpflege leisten, berechtigt sind, den Personensorgeberechtigten in der Ausübung der elterlichen Sorge zu vertreten, sofern nicht der Personensorgeberechtigte etwas anderes erklärt oder das Vormundschaftsgericht etwas anderes angeordnet hat. Lebt ein Kind seit längerer Zeit in einer Pflegefamilie und wollen die Eltern das Kind von der Pflegeperson wegnehmen, so kann das Vormundschaftsgericht von Amts wegen oder auf Antrag der Pflegeperson anordnen, dass das Kind in der Pflegefamilie verbleibt, § 1632 Abs. 4 BGB.

Gegenüber dem Jugendamt haben Pflegepersonen Anspruch auf Beratung und Unterstützung gem. § 37 Abs. 2 SGB VIII (lesen!). Die Pflegeperson hat das Jugendamt über wichtige Ereignisse zu unterrichten, die das Wohl des Kindes oder Jugendlichen betreffen, § 37 Abs. 3 SGB VIII (lesen!).

cc) Das Pflegekind

Pflegekinder sind Kinder oder Jugendliche, die aufgrund ihres Erziehungsbedarfs eine gezielte individuelle Betreuung und intensive Zuwendung in einer anderen Familie erhalten, weil ihre Eltern vorübergehend oder auch auf Dauer nicht in der Lage sind, eine dem Wohl des Kindes oder Jugendlichen entsprechende Erziehung zu gewährleisten. Kinder und Jugendliche können von Geburt an bis zur Vollendung des 18. Lebensjahres (im Einzelfall auch junge Volljährige) in Pflegefamilien betreut werden.

Säuglinge und Kleinkinder sollten bei einer unabdingbaren Fremdunterbringung vorrangig vor der Heimbetreuung (§ 34 SGB VIII) in eine geeignete Pflegefamilie vermittelt werden, wenn dem aus sozialpädagogischer Sicht keine anderen zwingenden Gründe entgegenstehen.

j) Heimerziehung, sonstiges betreutes Wohnen (§ 34 SGB VIII)

Die **Heimerziehung** gem. § 34 SGB VIII (lesen!) zählt mit dem **betreuten Jugendwohnen** (ebenfalls § 34 SGB VIII) und der zuvor erläuterten Vollzeitpflege (§ 33 SGB VIII) zu den stationären Hilfemaßnahmen. Wie auf die anderen Hilfen zur Erziehung auch hat jeder Personensorgeberechtigte **einen Rechtsanspruch** auf diese Leistung, wenn sie für das Wohl des Kindes geeignet und notwendig ist.

Im Rahmen des § 1666 BGB (Kindeswohlgefährdung) kann ein Familienrichter auf Initiative des Jugendamtes die Unterbringung in einem Heim (oder eine andere Hilfemaßnahme) gegen den Willen der Sorgeberechtigten anordnen. Dies geschieht jedoch nur bei massiver Kindeswohlgefährdung. Zudem liegt meist Gefahr in Verzug vor, bzw. die Sorgeberechtigten sind nicht in der Lage oder gewillt, in besonders schwierigen Fällen die Hilfsangebote des Jugendamtes zu akzeptieren.

Nicht selten nehmen bedrohte Kinder oder Jugendliche sebst Kontakt zum Jugendamt auf und initiieren eine Heimunterbringung. Aus Kostengründen tritt die Heimunterbringung immer häufiger hinter andere Hilfen der Jugendhilfe zurück. War es früher üblich, ein Kind sogleich in einem Heim unterzubringen, gehen etliche Jugendämter heute dazu über, ambulante Hilfen, teilstationäre Hilfen bzw. begrenzte Heimunterbringung mit dem Ziel der Rückführung in die Familie anzubieten.

Der Begriff „Waisenhaus“ ist inzwischen veraltet (zudem inhaltlich überholt, da es sich bei Kindern und Jugendlichen nur selten um Waisen handelt). Staatliche Kinderheime wurden zum größten Teil an freie Träger übergeben, mit dem Ziel, sich von diesem Bereich völlig zu entkoppeln. Freie Träger arbeiten zum Teil nach marktwirtschaftlichen Kriterien. So befindet sich die gesamte Heimlandschaft in ständiger Bewegung.

Beispiel 50: Fallbeispiel für eine Heimunterbringung auf eigenen Wunsch: Der 15-Jährige P hat mit einer Clique von jungen Leuten Kontakt, in der neben dem üblichen Alkohol auch andere Drogen konsumiert werden. P ist von diesem Lebenswandel derart beeinflusst, dass seine schulischen Leistungen innerhalb kürzester Zeit drastisch nachlassen und er deswegen ständige Auseinandersetzungen mit seinen Eltern hat. Diese kommen nicht mehr an P heran und werden zunehmend ratloser. P hingegen fühlt sich von seinen Eltern einfach nur unverstanden und meint, ihre Ansichten seien von „vorgestern“. Jemand aus der Clique hat P eingeredet, er solle sich doch in um einen Platz in einer Jugendwohngruppe bemühen; da könnten die Eltern nicht mehr nerven, ohnehin sei dort alles viel „cooler“. P ist von der Idee der Heimunterbringung begeistert und wendet sich mit einem entsprechenden Schreiben an das städtische Sozialamt: „Ich komme mit meinen Eltern nicht mehr zurecht; es gibt nur noch Streit, so dass ich um Aufnahme in eine Jugendwohngruppe bitte.“

Fragen und Probleme

1. Ist das Sozialamt überhaupt der richtige Ansprechpartner für P?

2. Ist der von P verfasste Text rechtlich als „Antrag“ zu bewerten, obwohl er von einem Minderjährigen stammt? Ist eine Behörde verpflichtet, bei Antragstellungen zu helfen?

Lösung

Zu 1.) Das Sozialamt ist für P`s Antrag nicht zuständig, sondern gemäß §§ 97 ff. SGB XII (bis 31.12.2004: §§ 96ff. BSHG) nur für die Gewährung von Sozialhilfe. Dazu gehört nur in Ausnahmefällen die Unterbringung in einem Heim, z. B. gem. § 53 SGB XII (bis 31.12.2004: § 39 BSHG) als Eingliederungshilfe für Behinderte oder gem. § 67 SGB XII (bis 31.12.04: § 72 BSHG) als Hilfe zur Überwindung besonderer sozialer Schwierigkeiten für Menschen, die nicht wie Kinder und Jugendliche von § 34 SGB VIII erfasst werden. Hier liegen aber „normale“ Erziehungsschwierigkeiten vor, für die das Jugendamt gem. § 85 SGB VIII zuständig ist (sachliche Zuständigkeit). Daher wird das Sozialamt P. mitteilen, dass es nicht zuständig ist.

P muss den Antrag aber nicht noch einmal stellen, sondern das Sozialamt ist verpflichtet, den Antrag gem. § 16 Abs. 2 SGB I (der im gesamten Sozialrecht gilt) an den zuständigen Leistungsträger weiterzuleiten.

Zu 2.) Problematisch ist P`s Minderjährigkeit. Mit 15 Jahren ist er beschränkt geschäftsfähig (vgl. § 106 BGB), d. h. er hat dann nur Rechte, die er eigenständig (ohne Eltern) ausüben kann, wenn ein Gesetz ihm das erlaubt. Hier geht es um einen Antrag auf Heimerziehung gem. § 34 SGB VIII, der von P gestellt wurde. Dazu erläutert § 27 Abs. 1 SGB VIII, dass ein Personensorgeberechtigter den Antrag auf Hilfe, also auch auf Heimerziehung, stellen muss. Das SGB VIII enthält keine Regelungen hinsichtlich des Alters von Menschen, die selbst tätig werden und Leistungen der Jugendhilfe in Anspruch nehmen möchten. Hintergrund ist, dass nach der Konzeption des SGB VIII nicht die Minderjährigen die Leistungsberechtigten sind, sondern die Erziehungsberechtigten, denen dann bei der Erziehung geholfen wird. D. h. bisher, nicht P kann Anträge stellen, sondern nur seine Eltern. Das wäre allerdings sehr nachteilig für selbständig agierende Minderjährige, deren Eltern z. B. die Mitarbeit verweigern.

Zu beachten ist deswegen § 36 Abs. I SGB VIII, der eben normiert, dass jemand, der das 15. Lebensjahr vollendet hat, Anträge auf Sozialleistungen stellen kann. Gemäß § 16 Abs. 3 SGB VIII ist der Leistungsträger verpflichtet, bei einer Antragstellung Hilfe zu leisten, auf andere mögliche Ansprüche hinzuweisen und bei Unklarheiten oder Unvollständigkeiten nachzufragen.

k) Intensive sozialpädagog. Einzelbetreuung (§ 35 SGB VIII)

Die **Intensive sozialpädagogische Einzelbetreuung** gem. § 35 SGB VIII soll Jugendlichen in besonders gefährdenden Lebenssituationen gewährt werden, die sich erfahrungsgemäß den anderen Hilfen der Jugendhilfe entziehen und bei denen ohne eine intensive Einzelbetreuung die Gefahr besteht, dass sie als ältere Jugendliche und junge Erwachsene im Lebensalltag aufgrund mangelnder eigener Ressourcen oder deren Ausbildung scheitern werden.

Die Intensive sozialpädagogische Einzelbetreuung ist ein eigenständiges und gleichwertiges Leistungsangebot im Rahmen der Hilfe zur Erziehung, dessen Betreuungskonzept auf Freiwilligkeit und Kontinuität basiert, jeweils individuell nach den besonderen Lebensumständen des jungen Menschen ausgestaltet ist und flexibel auf Veränderungen reagiert.

Kennzeichnend für die Intensive sozialpädagogische Einzelbetreuung ist dabei ein pädagogisch stark individualisierter und zeitintensiver Betreuungsansatz. Als Hilfe zur Erziehung und auf längere Zeit angelegt, wird das jeweilige Betreuungskonzept im Hilfeplanverfahren entwickelt, fortgeschrieben, dokumentiert und durch zugrunde gelegte Qualitätsstandards fachlich abgesichert.

aa) Zielsetzung

Die Intensive sozialpädagogische Einzelbetreuung verfolgt laut Gesetzesstext das Ziel der sozialen Integration und eigenverantwortlichen Lebensführung des jungen Menschen. Die Umsetzung dieser Zielsetzung muss jedoch immer und gerade auch bei der intensiven sozialpädagogischen Einzelbetreuung an den Besonderheiten des Einzelfalles orientiert sein. Sie muss folglich als ein angestrebter „Idealzustand" verstanden werden, dem sich die Betreuung oft nur über Umwege und individuelle Zielanpassungen schrittweise annähern kann.

bb) Zielgruppe

Junge Menschen, für die diese Art der Hilfe angezeigt ist, haben in der Regel eine besonders problembelastete Lebenssituation zu bewältigen. Ihr Erfahrungshintergrund ist meist geprägt durch Beziehungsabbrüche, Vernachlässigung, Vereinsamung, Gewalt und andere Verletzungen ihrer psychischen und physischen Integrität. Diese Belastungen und ihre Auswirkungen gefährden die soziale Integration und haben dann beispielsweise zur Folge, dass die jungen Menschen ihren Lebensmittelpunkt auf der Strasse suchen und Hilfe benötigen, um nicht in gefährdende Milieus abzugleiten.

cc) Leistungsinhalte

Die Betreuung besteht aus gesprächs-, handlungs- und gegebenenfalls auch erlebnisorientierten Inhalten. Sie umfasst neben der intensiven Hilfestellung bei persönlichen Problemen und Notlagen auch Hilfestellung bei der

- Beschaffung und dem Erhalt einer geeigneten Wohnmöglichkeit;
- Vermittlung einer geeigneten schulischen oder beruflichen Ausbildung bzw. der Arbeitsaufnahme;
- Verwaltung der Ausbildungs- und Arbeitsvergütung und anderer finanzieller Hilfen und der
- Gestaltung der Freizeit.

dd) Kosten

Eltern werden zu den Kosten nur herangezogen, wenn sie vor Hilfebeginn mit ihrem Kind zusammenlebten und sich durch die Hilfe Aufwendungen ersparen (§ 94 SGB VIII). Minderjährige werden nur im Fall eigener Einkünfte angemessen zu den Kosten herangezogen (§ 93 Abs. 3 SGB VIII). Volljährige werden nicht nur im Rahmen ihrer Einkünfte, sondern auch bezüglich ihres verwertbaren Vermögens (dies richtet sich nach den Sozialhilfe-Grundsätzen) zu den Kosten herangezogen (§ 93 Abs. 3 SGB VIII).

In allen Fällen soll jedoch im Einzelfall von einer Kostenheranziehung (teilweise oder ganz) abgesehen werden, wenn sonst Ziel und Zweck der Hilfe gefährdet würden oder sich dadurch eine besondere Härte ergeben würde (§ 93 Abs. 6 SGB VIII).

Beispiel 51 (Abschließender Fall zu § 35 SGB VIII): Der 15 –jährige M wurde als Kleinkind im Alter von vier Jahren von seinen Eltern und Geschwistern zum Betteln mitgenommen und lebte zeitweise auf der Straße. Wenn er abends nicht genügend Geld gesammelt hatte, wurde er regelmäßig von seinem Vater verprügelt. M verhielt sich später in der Schule sehr aggressiv, wenig leistungsbereit und war kaum anwesend. Außerdem zeigte er ein extrem sexuell auffälliges Verhalten: er belästigte regelmäßig Mädchen in der Klasse und während einer Klassenfahrt kam es beinahe zu einer Vergewaltigungssituation. Bei der Polizei sind bezüglich M inzwischen 40 Vorgänge erfasst. M wurde in den vergangenen Monaten mehrfach als vermisst gemeldet und durch die Polizei im Drogen- bzw. Prostituiertenmilieu am Bahnhof der Stadt S aufgegriffen. Ambulante Maßnahmen (Hort, Kleingruppentherapie, sensomotorische Gruppe im Kindergarten, Besuche der Erziehungsberatung) in frühen Jahren führten zu keinen erkennbaren Veränderungen. Zwei Heimunterbringungen wurden wegen häufigem Entweichen abgebrochen.

M lebt seit seiner Flucht aus der Heimunterbringung bereits wieder seit Wochen auf der Straße und verweigert die Rückkehr zur Mutter, die sich inzwischen vom Vater getrennt hat.

Die einzige Hoffnung auf erzieherische Einwirkungsmöglichkeiten bei M wird in der längerfristigen Entfernung von der Familie in „unüberwindbarer" räumlicher Distanz gesehen. Es ist eine 8-monatige Auslandsbetreuung des M durch einen deutschen freien Träger in Spanien geplant. Auf einer alleinliegenden Farm soll M in völlig reizarmer Umgebung und isolierter Lage in der Gruppe an Restaurationsarbeiten, Mithilfe bei landwirtschaftlichen Tätigkeiten, Viehzucht sowie ganz alltägliche Tätigkeiten wie Kochen, Backen, Brennholz hacken etc. herangeführt werden. Der Tagesablauf ist genau durchstrukturiert, es gibt wenig Freizeit für die teilnehmenden Kinder und Jugendlichen. Die Kosten für die Maßnahme will das städtische Jugendamt übernehmen. Auf welcher Rechtsgrundlage erfolgt die für M geplante Auslandsbetreuung? Erfüllt M die Voraussetzungen für die Gewährung dieser Jugendhilfeleistung? Können die Eltern des M zu Kosten herangezogen werden?

Lösung: Bei der für M geplanten Individualpädagogischen Auslandsbetreuung handelt es sich um eine Form der Intensiven Sozialpädagogischen Einzelbetreuung gem. § 35 SGB VIII. Diese Form der Hilfe zur Erziehung richtet sich an Jugendliche und die noch nicht 21 Jahre alten Volljährigen, die einer intensiven Unterstützung zur sozialen Integration und Hinführung zu einer eigenverantwortlichen Lebensführung bedürfen. M ist 14 Jahre alt und erfüllt daher die persönlichen Voraussetzungen des § 35 SGB VIII. M droht ins Drogen- bzw. Prostituiertenmilieu abzurutschen, lebte bzw. lebt zeitweilig auf der Strasse und steht somit immer weiter am Rande der Gesellschaft. Ambulante Maßnahmen in den früheren Jahren scheiterten, so dass eine intensive Einzelbetreuung des M auch in sachlicher Hinsicht geboten ist.

Ergänzender Hinweis: Die extrem personal- und damit auch kostenintensiven Individualpädagogische Auslandsbetreuungen sind Teil der öffentlichen Diskussion. Artikel in Boulevardzeitungen unterstellen häufig, es handele sich um teure Urlaubs- und Erholungsprojekte am Mittelmeer oder an schwedischen Seen, mit denen kriminelle Jugendliche auch noch für ihre „Untaten" auf Kosten der Steuerzahler verwöhnt und belohnt würden. Begünstigt wird diese Darstellung durch den Fachbegriff der „Erlebnispädagogik", mit dem eher Spaß und Vergnügen als eine ernstzunehmende pädagogische Maßnahme verknüpft werden. Bei dieser Einschätzung wird allerdings übersehen, dass diese Maßnahmen zeitlich begrenzt sind und in einem günstigen Verhältnis zu den Kosten stehen, die eine Unterbringung in einer Jugendhilfeeinrichtung täglich über Jahre hinweg bedeutet.

Wie bereits bei der Darstellung des § 27 SGB VIII ausgeführt, sieht **§ 27 Abs. 2 SGB VIII n. F.** vor, dass Maßnahmen im Ausland -wie jene im vorliegenden Fall- künftig nur noch im Ausnahmefall durchgeführt werden können, wenn dies nach Maßgabe der Hilfeplanung zur Erreichung des Hilfezieles im Einzelfall **erforderlich** ist. Damit eine Intensive sozialpädagogische Einzelbetreuung des M im Ausland letztlich bewilligt werden kann, muss die verantwortliche Fachkraft im Hilfeplan nachvollziehbar begründen, warum eine Erbringung im Inland nicht Erfolg versprechend ist.

l) Die Eingliederungshilfe (§ 35 a SGB VIII)

§ 35 a SGB VIII (lesen!) sieht einen Anspruch auf **Eingliederungshilfe** nur für Kinder und Jugendliche vor, die entweder seelisch behindert oder von einer solchen Behinderung bedroht sind. Ziel der Eingliederungshilfe ist es, eine seelische Behinderung und ihre Folgen zu beseitigen oder zu mildern.

Fraglich ist, was unter dem Begriff der **„seelischen Behinderung“** zu verstehen ist. § 35a S. 2 SGB VIII n. F. führt insoweit folgende Legaldefinition in das SGB VIII ein: „Von einer seelischen Behinderung bedroht im Sinne dieses Buches sind Kinder oder Jugendliche, bei denen eine Beeinträchtigung ihrer Teilhabe am Leben in der Gesellschaft nach fachlicher Erkenntnis mit hoher Wahrscheinlichkeit zu erwarten ist.“

§ 35a Abs. 1a Nr. 1-3 SGB VIII n. F. (lesen!) konkretisiert, dass der Träger der öffentlichen Jugendhilfe hinsichtlich der Abweichung der seelischen Gesundheit nach Absatz 1 Nr. 1, die Stellungnahme bestimmter Fachkräfte, z. B. von Kinder- oder Jugendpsychotherapeuten einzuholen **hat**. Der Träger der öffentlichen Jugendhilfe hat insoweit **keinen Ermessensspielraum**.

Teilleistungsstörungen allein sind nicht als (drohende) Behinderung anzusehen. Deshalb hat Eingliederungshilfe nicht in erster Linie die Beseitigung von Teilleistungsstörungen zum Ziel. Im Einzelfall kann jedoch aufgrund der Auswirkungen dieser Störungen die Eingliederungshilfe erforderlich sein.

Neben der Teilleistungsstörung müssen also zusätzlich massive seelische und/oder psychosomatische Probleme vorhanden sein, die nachweislich im Zusammenhang mit den Lernproblemen stehen. Haben die Verhaltensprobleme dagegen andere Ursachen, so sind Hilfen zur Erziehung nach dem SGB VIII möglich (z. B. Erziehungsberatung).

Die **Hilfeformen**, in denen Eingliederungshilfe zu gewähren ist, sind in § 35 a Abs. 2 SGB VIII genannt, wobei es sich hierbei nicht um eine abschließende, sondern nur um eine beispielhafte Aufzählung handelt.

m) Die Volljährigenhilfe (§ 41 SGB VIII)

Unter **Hilfe für junge Volljährige** werden in der Jugendhilfe Betreuungsangebote für junge Erwachsene verstanden, die die Volljährigkeit erreicht haben. Sie werden nach § 41 SGB VIII (lesen!) gewährt.

Dabei sind die Hilfeangebote die gleichen, die auch Minderjährigen zur Verfügung stehen (§ 41 Abs. 2 SGB VIII n. F. verweist ausdrücklich auch auf § 27 Abs. 4 SGB VIII n. F.). Diese Form der Unterstützung gilt in erster Linie für junge Menschen, die schon vor ihrem 18. Geburtstag im Rahmen der Jugendhilfe unterstützt wurden und soll verhindern, dass mit der Volljährigkeit diese Unterstützung abbricht und damit die bis dahin erreichten Fortschritte gefährdet werden. Es ist rechtlich auch möglich, dass junge Volljährige erstmals Jugendhilfe erhalten, solange sie unter 21 Jahre alt sind. Eine Gewährung von Jugendhilfe über das 21. Lebensjahr ist nur als Fortsetzung möglich (maximal bis 27).

§ 41 SGB VIII sieht in Absatz 3 auch vor, dass junge Volljährige nach Beendigung der Jugendhilfe noch nachbetreut werden können. Zu diesem Zweck können im Hilfeplanverfahren eine bestimmte Anzahl von Kontaktstunden für Beratung abgesprochen werden (i. d. R. maximal 20 Stunden). Diese Nachbetreuung soll dazu dienen, in Notfällen und Einzelfragen noch Unterstützung vom gewohnten Betreuer zu erhalten.

Literatur

🕮 *Mrozynski, P.:* Hilfe für junge Volljährige, in: ZfJ 1996, 159 ff.

n) Der Hilfeplan (§ 36 SGB VIII)

Mit dem Hilfeplan nach § 36 SGB VIII (lesen!) hat der Gesetzgeber inhaltliche und methodische Mindestanforderungen formuliert, die von den beteiligten Fachkräften im gesamten Hilfeprozess zu beachten sind. Die Vorgaben stellen eine gesetzliche Verpflichtung der Jugendämter dar und sollen die planvolle und systematische Hilfegestaltung sowie die Beteiligung der Betroffenen sicherstellen.

Vor einer Entscheidung über die Inanspruchnahme einer Hilfe und vor einer notwendigen Änderung von Art und Umfang der Hilfe, sind nach § 36 Abs. 1 SGB VIII den Trägern öffentlicher Jugendhilfe folgende Pflichten auferlegt:

- der Personensorgeberechtigte und das Kind sind umfassend zu beraten;
- der Personensorgeberechtigte und das Kind sind auf die Folgen einer Hilfegewährung hinzuweisen;
- der/die Personensorgeberechtigte(n) ist/sind bei der Auswahl einer Einrichtung oder Pflegestelle zu beteiligen;
- der Personensorgeberechtigte und das Kind haben ein Wunsch- und Wahlrecht zwischen Einrichtungen und Diensten der verschiedenen Träger der Jugendhilfe;
- zusammen mit dem Personensorgeberechtigten und dem Kind ist ein Hilfeplan aufzustellen und
- bei Hilfen außerhalb der eigenen Familie ist mit der Herkunftsfamilie zusammenzuarbeiten (§ 37 Abs. 1 SGB VIII).

Literatur

🕮 *Deutscher Verein für öffentliche und private Fürsorge:* Empfehlungen zur Hilfeplanung nach § 36 KJHG, in: NDV 1994, 317 ff.;

🕮 *ders.:* Ergänzungen der Empfehlung zur Hilfeplanung nach § 36 SGB VII, in: NDV 1996, 74 ff.;

🕮 *Maas, U.*: Der Hilfeplan nach § 36 KJHG und das jugendhilferechtliche Verwaltungsverfahren, in: ZfJ 1996, 113 ff.;

🕮 *Merchel, J./Schrapper, C.* Hilfeplanung gemäß § 36 KJHG als fachliche und organisatorische Herausforderung an das Jugendamt, in: NDV 1995, 151 ff.

o) Steuerungsverantwortung (§ 36a SGB VIII n. F.)

§ 36a SGB VIII n. F. (lesen!) bestimmt nunmehr ausdrücklich die **Steuerungsverantwortung** des Trägers der öffentlichen Jugendhilfe. Durch die Schaffung dieser Vorschrift soll dem in vielen Stellungnahmen der kommunalen Praxis geäußertem Vorwurf begegnet werden, das Jugendamt werde nur für die Finanzierung der von dritter Seite angeordneten oder selbst beschafften Leistungen missbraucht. Nach Maßgabe des § 36a SGB VIII n. F. übernimmt der Träger der öffentlichen Jugendhilfe die Kosten der Hilfe grundsätzlich nur dann, wenn sie auf der Grundlage eines regulär strukturierten Hilfeplanverfahrens als notwendig erachtet werden. Ohne Entscheidung des Trägers der öffentlichen Jugendhilfe ist die Basis für die Kostenübernahme obsolet (Ausnahme: Die Deckung des Hilfebedarfs duldete keinen zeitlichen Aufschub).

B. Die anderen Aufgaben der Jugendhilfe

Andere Aufgaben der Jugendhilfe sind in § 2 Abs. 3 SGB VIII (lesen!) aufgeführt. Es handelt sich im Wesentlichen um eingreifende Tätigkeiten, die aufgrund des staatlichen Wächteramtes zu erfüllen sind. Gemäß § 2 Abs. 3 SGB VIII n. F. gehören zu den anderen Aufgaben der Jugendhilfe:

- die Inobhutnahme Minderjähriger (§ 42 SGB VIII);
- die Erteilung, der Widerruf und die Zurücknahme der Pflegeerlaubnis (§§ 43, 44 SGB VIII n. F.);
- die Heimaufsicht (§§ 45-49 SGB VIII);
- die Zusammenarbeit mit den Familien-, Vormundschafts- und Jugendgerichten (§§ 50, 52 SGB VIII);
- die Adoptionsvermittlung (§ 51 SGB VIII);
- die Beratung und Unterstützung bei Vaterschaftsfeststellungen und Unterhaltsansprüchen nichtehelicher Kinder (§ 52a SGB VIII);
- die Beratung und Unterstützung von ehrenamtlichen Vormündern und Pflegern (§ 53 SGB VIII);
- die Übernahme und Führung von Beistandschaften, Pflegschaften, Vormundschaften (§§ 55-58 SGB VIII);

- die Erteilung der Erlaubnis zur Führung sog. Vereins-Vormundschaften und Vereins-Pflegschaften durch freie Träger der Jugendhilfe (§ 54 SGB VIII);
- die Beurkundung und Beglaubigung bestimmter familienrechtlicher Angelegenheiten (§ 59 SGB VIII) und
- die Aufnahme vollstreckbarer Urkunden bzgl. bestimmter Unterhaltsansprüche (§ 60 SGB VIII).

I. Die vorläufigen Maßnahmen zum Schutz von Kindern und Jugendlichen (Krisenintervention): die Inobhutnahme Minderjähriger (§ 42 SGB VIII n. F.)

Wenn das Wohl des Kindes gefährdet ist, ist das Jugendamt bei der Ausübung seines staatlichen Wächteramtes (s. o.) verpflichtet, gezielt Verantwortung zu übernehmen. § 42 SGB VIII n. F. (lesen!) sieht hierzu vorläufige Maßnahmen zum Schutz von Kindern und Jugendlichen in Gefährdungssituationen vor.

§ 42 SGB VIII regelt die **Inobhutnahme** von Kindern oder Jugendlichen, wobei durch das KICK die Voraussetzungen einer Inobhutnahme neu geregelt wurden.

a) Tatbestandliche Voraussetzungen

Als Inobhutnahme bezeichnet § 42 Abs. 1 SGB VIII n. F. die vorläufige Unterbringung Minderjähriger durch das Jugendamt

- bei geeigneten Personen *oder*
- in einer Einrichtung *oder*
- in einer sonstigen betreuten Wohnform.

Es handelt sich bei der Inobhutnahme also um eine **Notaufnahme**, die nach der Neufassung des § 42 Abs. 1 SGB VIII unter folgenden Voraussetzungen erfolgt:

- Minderjährige müssen **ohne Obhut** sein.

  Definition: Ohne Obhut sind Minderjährige, die sich dem Einfluss ihrer Personensorgeinhaber, Erzieher oder Betreuer entzogen haben.

- Das Kind oder der Jugendliche bittet um seine Obhut (Nr. 1) *oder*

- eine **dringende Gefahr** (= eine Sachlage, bei der Schäden für bedeutsame Rechtsgüter, z. B. Leib oder Leben, zu erwarten sind) für das Wohl des Kindes oder des Jugendlichen erfordert eine Inobhutnahme (Nr. 2) *und*

- die Personensorgeberechtigten widersprechen nicht *oder*

- eine familiengerichtliche Entscheidung kann nicht rechtzeitig eingeholt werden *oder*

- ein ausländisches Kind oder ein ausländischer Jugendlicher kommt unbegleitet nach Deutschland und weder Personensorge- noch Erziehungsberechtigte halten sich im Inland auf.

b) Rechtsfolgen

Sind die vorstehenden Voraussetzungen erfüllt, ist das Jugendamt zur Inobhutnahme verpflichtet, d. h. es hat dann die Minderjährigen in einer geeigneten Familie oder Einrichtung unterzubringen.

c) Personenkreis

Es handelt sich dabei vor allem um Minderjährige, die aufgrund akuter Krisensituationen Angst haben, wieder zurück zu ihrer leiblichen (oder Pflege-)Familie zurückzukehren, Nichtsesshafte etc.

d) Pflichten des Jugendamtes nach erfolgter Inobhutnahme

Das Jugendamt hat während der Inobhutnahme gem. § 42 SGB VIII n. F. konkret folgende Pflichten:

- zusammen mit dem Kind oder Jugendlichen hat es während der Inobhutnahme die Situation, die zur Inobhutnahme geführt hat, zu klären und die Möglichkeiten der Hilfe und Unterstützung aufzuzeigen;
- Minderjährigen unverzüglich die Möglichkeit zur Information einer Person ihres Vertrauens zu geben;

- für das Wohl des Kindes oder des Jugendlichen während der Inobhutnahme zu sorgen und für sie den notwendigen Unterhalt und die Krankenhilfe sicherzustellen;
- unverzügliche Information der Personensorge- oder Erziehungsberechtigten zu gewährleisten und eine Abschätzung des Gefährdungsrisikos vorzunehmen.

Widersprechen die Personensorge- oder Erziehungsberechtigten der Inobhutnahme, so hat das Jugendamt unverzüglich

1. das Kind oder den Jugendlichen den Personensorge- oder Erziehungsberechtigten zu übergeben, sofern nach der Einschätzung des Jugendamts eine Gefährdung des Kindeswohls nicht besteht *oder*

2. eine Entscheidung des Familiengerichts über die erforderlichen Maßnahmen zum Wohl des Kindes oder des Jugendlichen herbeizuführen. Sind die Personensorgeberechtigten nicht erreichbar, so gilt Satz 2 Nr. 2 entsprechend. Im Fall des Absatzes 1 Satz 1 Nr. 3 ist unverzüglich die Bestellung des Vormunds oder Pflegers zu veranlassen. Widersprechen die Personensorgeberechtigten der Inobhutnahme nicht, so ist unverzüglich ein Hilfeplanverfahren zur Gewährung einer Hilfe einzuleiten.

e) Freiheitsentziehende Maßnahmen und unmittelbarer Zwang

Freiheitsentziehende Maßnahmen sind im Rahmen einer Inobhutnahme *kurzfristig*, d. h. bis zu maximal 2 Tagen, zulässig, wenn und soweit sie erforderlich sind, um eine dringende Gefahr für Leib oder Leben der Minderjährigen abzuwenden; danach bedürfen sie der Genehmigung des Familiengerichts (§ 42 Abs. 5 SGB VIII n. F.).

Ist bei der Inobhutnahme die Anwendung **unmittelbaren Zwangs** erforderlich, so sind nach § 42 Abs. 6 SGB VIII n. F. die dazu befugten Stellen hinzuzuziehen.

f) Kosten

Gemäß § 92 Abs. 3 SGB VIII hat zunächst das Jugendamt die Kosten zu tragen, kann jedoch von den Eltern einen Kostenbeitrag fordern (§ 91 Abs. 1 Nr. 6 SGB VIII). In Härtefällen kann davon abgesehen werden. Gleiches gilt, wenn sonst Ziel und Zweck der Maßnahme gefährdet würden (§ 93 Abs. 6 SGB VIII).

Beispiel 53 (Abschließender Fall zu § 42 SGB VIII n. F.): Das Jugendamt der Stadt S erfährt von mehreren Nachbarn, dass der 5 Monate alte Säugling der Familie F extrem verwahrlost und unterernährt sei. Eine Nachbarin erklärt, dass die Mutter M ihr das kleine Mädchen für eine Stunde überlassen habe, um einzukaufen. Beim Windelnwechseln habe sie bemerkt, dass das Kind am ganzen Körper Hämatome habe. Besteht eine Verpflichtung des Jugendamts, das Kind aus der elterlichen Familie herauszuholen und vorläufig anderweitig unterzubringen?

Lösung: Die Verpflichtung des Jugendamts, den Säugling aus der elterlichen Familie herauszuholen und vorläufig anderweitig unterzubringen, könnte sich aus § 42 Abs. 1 SGB VIII n. F. ergeben. Es stellt sich im vorliegenden Fall die Frage, ob es sich überhaupt um eine Inobhutnahme gem. § 42 Abs. 3 SGB VIII handelt, wenn eine Herausnahme des Kindes aus der eigenen Familie erfolgen soll. Der Wortlaut der Vorschrift steht dem nicht entgegen: Das Jugendamt ist demnach zur Inobhutnahme des Kindes verpflichtet, wenn eine dringende Gefahr für dessen Wohl vorliegt und diese Maßnahme erfordert; gedacht ist insbesondere an die Zuführung des Kindes durch die Polizei oder Dritte. Aber auch unversorgte Kinder, z.B. nach einem Verkehrsunfall der Eltern, sind in Obhut zu nehmen.

Ob dann eine Inobhutnahme in Frage kommt, wenn sich Kinder oder Jugendliche wie im vorliegenden Fall in der Obhut der Sorgeberechtigten befinden oder ob in diesen Fällen nur ein polizeiliches Eingreifen nach den Gefahrenabwehrgesetzen der Länder zulässig ist, ist strittig. Überwiegend wird eine Inobhutnahme abgelehnt. Eine Inobhutnahme durch das Jugendamt verlangt, dass der Personensorgeberechtigte hiervon keine Kenntnis hat, denn er ist hiervon zu unterrichten (§ 42 Abs 3 SGB VIII n. F.). Dementsprechend kann der Säugling auch nicht in Obhut genommen werden. In diesem Fall wird sich die Polizei bei der Herausnahme der Hilfe des Jugendamts bedienen oder das Jugendamt wird entsprechend seiner Verpflichtung gem. § 1 SGB VIII zum Schutz gefährdeter Kinder tätig. Eine Handlungspflicht kann sich möglicherweise auch aus § 13 StGB (Garantenstellung einzelner Jugendamtsmitarbeiter) ergeben. Der Säugling ist somit wegen einer dringenden Gefahr für sein Wohl (Lebensgefahr) vom Jugendamt/von der Polizei sofort aus der Familie zu entfernen und anderweitig unterzubringen.

Literatur

🕮 *Bundesvereinigung der kommunalen Spitzenverbände/BAG LJÄ 1995:* Empfehlungen zur Inobhutnahme gem. § 42 SGB VIII, in: ZfJ 1995, 540 ff.

II. Der Schutz von Kindern und Jugendlichen in Familienpflege und Einrichtungen (§§ 43-47 SGB VIII n. F.)

Das SGB VIII sieht in den §§ 43- 47 bei Einrichtungen, die Kinder und Jugendliche in einem zeitlich erheblichen Umfang betreuen, vor, dass vor der Aufnahme der Tätigkeit eine **Erlaubnis** erteilt wird. Auf diese Weise soll im Vorfeld sichergestellt werden, dass das Wohl der Minderjährigen ebenso wie ein Mindestmaß an Qualität gewährleistet sind.

1. Die Erlaubnis zur Vollzeitpflege (§ 44 SGB VIII n. F.)

Durch die **Erlaubnis zur Vollzeitpflege** gem. § 44 SGB VIII n. F. (lesen!) soll gewährleistet werden, dass das Wohl des Kindes in seiner neuen Familie nicht gefährdet ist: „Wer ein Kind oder einen Jugendlichen über Tag oder Nacht in seinem Haushalt aufnehmen will (Pflegeperson), bedarf der Erlaubnis." In § 44 Abs. 1 S. 2 Nr. 1 bis 6 SGB VIII n. F. (neu eingefügt wurde Nr. 6: „ein Kind oder Jugendlichen in Adoptionspflege") sind jedoch **Ausnahmen** formuliert, die dazu führen, dass nur in den wenigsten Fällen tatsächlich eine Pflegeerlaubnis notwendig ist.

Die Voraussetzungen für die Erteilung einer Pflegeerlaubnis regelt § 44 Abs. 2 SGB VIII. Danach ist die Erlaubnis zu versagen, wenn das Wohl des Minderjährigen nicht gewährleistet ist. Mit dem Begriff des Kindeswohls wird an § 1666 BGB angeknüpft. Entscheidend kommt es hierbei darauf an, ob die Pflegeperson in persönlicher Hinsicht für die Tätigkeit geeignet ist, was sich wiederum an dem zu betreuenden Kind, dessen Entwicklungsstand und individuellen Bedürfnissen orientiert.

Neben der persönlichen Eignung müssen auch die äußeren Rahmenbedingungen für eine Pflegestelle gegeben sein, z. B. ausreichender Wohnraum zur Verfügung stehen. Als Kriterien, wann eine Pflegeerlaubnis zu versagen ist, werden in § 17 des Ersten Gesetzes zur Ausführung des Kinder- und Jugendhilfegesetzes – AG – KJHG – in NRW vom 12. Dezember 1990 (verschiedene

Landesgesetze enthalten entsprechende Regelungen) folgende genannt: Die Pflegeerlaubnis ist insbesondere zu versagen, wenn

a) die Pflegeperson nicht über ausreichende erzieherische Fähigkeiten verfügt,

b) die Pflegeperson nicht die Gewähr dafür bietet, dass die religiöse Erziehung des ihr anvertrauten Kindes oder Jugendlichen im Einklang mit derjenigen des/der Personensorgeberechtigten durchgeführt wird,

c) die Pflegeperson oder die in ihrer Wohnung lebenden Personen nicht die Gewähr dafür bieten, dass das sittliche Wohl des Kindes oder Jugendlichen nicht gefährdet ist,

d) die wirtschaftlichen Verhältnisse der Pflegeperson und ihre Haushaltsführung nicht geordnet sind,

e) die Pflegeperson oder die in ihrer Wohnung lebenden Personen nicht frei von ansteckenden, das Wohl des Kindes gefährdenden Krankheiten sind oder

f) nicht ausreichender Wohnraum für das Kind oder den Jugendlichen und die in der Wohnung lebenden Personen vorhanden ist.

Beachte: Der vorstehende Katalog der Versagungsgründe ersetzt allerdings keine Prüfung im Einzelfall, zumal dieser nicht abschließend sein kann.

Liegen die tatbestandlichen Voraussetzungen für eine Erlaubniserteilung vor, besteht ein **Rechtsanspruch auf Erteilung der Pflegeerlaubnis**. Diese bezieht sich nur auf ein bestimmtes Kind; jede weitere Aufnahme von Pflegekindern erfordert jeweils eine *weitere* Pflegeerlaubnis.

Gemäß § 44 Abs. 3 S. 2 SGB VIII hat das Jugendamt die Pflegeerlaubnis zurückzunehmen, wenn

- das Wohl des Minderjährigen gefährdet ist (objektivierbarer Maßstab) *und*

- die Pflegeperson nicht bereit oder in der Lage ist, die Gefahr abzuwenden.

Bei der Prüfung, ob eine Pflegeerlaubnis zurückzunehmen ist, sind **Verhältnismäßigkeitsgesichtspunkte** zu berücksichtigen, d.h. es ist abzuwägen, ob nicht andere Maßnahmen, Unterstützungen etc. anstelle der Rücknahme (als milderes Mittel) ausreichen, um die Gefährdung des Kindeswohls abzuwenden.

Die Befugnis zur Herausnahme des Minderjährigen aus der Pflegestelle ist nicht von der Rücknahme der Pflegeerlaubnis mitumfasst, sondern ergibt sich nur (bei Vorliegen der entsprechenden Voraussetzungen) nach § 43 SGB VIII.

2. Die Einrichtungserlaubnis (§§ 45-47 SGB VIII)

Der **Erlaubnisvorbehalt für den Betrieb von Einrichtungen** (§ 45 SGB VIII; lesen!) soll gewährleisten, dass nur solche Einrichtungen betrieben werden, die aufgrund ihrer personellen, räumlichen und konzeptionellen Voraussetzungen das Wohl der dort untergebrachten Kinder und Jugendlichen sicherstellen. Nach § 45 SGB VIII bedarf ein Träger für den Betrieb einer Einrichtung der Kinder- und Jugendhilfe einer Erlaubnis des Öffentlichen Trägers der Jugendhilfe. Diese gesetzliche Bestimmung erfasst grundsätzlich **jede Einrichtung**, in der Kinder und Jugendliche betreut werden.

Definition: Einrichtungen sind vom wechselnden Bestand des Personals unabhängig; sie sind orts- und gebäudebezogen (keine ambulanten Leistungen). Der Einrichtungsbegriff dient zur Abgrenzung zu dem auf eine Person ausgerichteten Begriff der Pflegeerlaubnis (s. o.). Ausnahmen sind gesetzlich geregelt.

Beispiel 56: Schullandheime, Jugendherbergen.

Nach § 104 SGB VIII (lesen!) handelt ordnungswidrig, wer entgegen § 45 Abs. 1 S. 1 ohne Erlaubnis eine Einrichtung betreibt; dies kann als Ordnungswidrigkeit bzw. strafbare Handlung geahndet werden.

Auf die Erteilung der Erlaubnis besteht ein Rechtsanspruch, wenn keine Versagungsgründe entgegenstehen. Dies ergibt sich im Umkehrschluss aus § 45 Abs. 2 S. 2 SGB VIII, wonach die Erlaubnis nur dann **zu versagen** ist, wenn **das Wohl der Kinder** in der Einrichtung nicht gesichert ist. Der Begriff des Kindeswohls orientiert sich auch hier an § 1666 BGB. Nach § 45 Abs. 2 Nr. 2 SGB VIII n. F. ist das Wohl der Kinder oder der Jugendlichen (in sonstiger Weise) insbesondere dann nicht gewährleistet, wenn bei der Förderung von Kindern und Jugendlichen in Einrichtungen

a) ihre gesellschaftliche und sprachliche Integration (!) oder
b) die gesundheitliche Vorsorge und medizinische Betreuung erschwert sind.

Es handelt sich hierbei nicht um eine abschließende Regelung („insbesondere").

Gemäß § 45 Abs. 2 S. 3 SGB VIII n. F. soll der Träger der Einrichtung mit dem Antrag die **Konzeption der Einrichtung** vorlegen.

Ist die Betreuung der Kinder und Jugendlichen durch geeignete Fachkräfte nicht gewährleistet, muss die Betriebserlaubnis verweigert oder zurückgenommen werden. Die §§ 46, 47 SGB VIII enthalten schließlich folgende Regelungen bezüglich der Betriebserlaubnis von Einrichtungen:

- § 46 SGB VIII: Örtliche Prüfung: Die zuständige Behörde soll nach den Erfordernissen des Einzelfalls an Ort und Stelle überprüfen, ob die Voraussetzungen für die Erteilung der Erlaubnis vorliegen. Nach § 46 Abs. 1 S. 1 SGB VIII n. F. soll der Träger der Einrichtung bei der örtlichen Prüfung mitwirken.

- § 47 SGB VIII: Meldepflichten des Trägers an die zuständige Behörde (§ 47, Abs. 2 und Abs. 3 SGB VIII wurden durch das KICK aufgehoben).

III. Mitwirkung im gerichtlichen Verfahren (§ 50 SGB VIII)

Gemäß § 50 SGB VIII (lesen!) unterstützt das Jugendamt das Vormundschaftsgericht und das Familiengericht bei allen Maßnahmen, die die Sorge für die Person von Kindern und Jugendlichen betreffen. Diese gesetzliche Regelung weist dem Jugendamt im Einzelnen folgende Aufgaben zu:

1. Unterstützung bei allen Maßnahmen, die die Sorge für die Person von Kindern und Jugendlichen betreffen.
2. Mitwirkung des Jugendamts in Verfahren vor dem Vormundschafts- und Familiengericht.
3. Eigenständige Anrufung des Gerichts bei Gefährdung des Kindeswohls.

Das Jugendamt handelt innerhalb des familien- und vormundschaftsgerichtlichen Verfahrens nicht als „Erfüllungsgehilfe" gegenüber den Gerichten, sondern hat diesen gegenüber eine **eigenständige Position** und ist **nicht weisungsgebunden.** Das Jugendamt hat den Minderjährigen und Sorgerechtsberechtigten bereits im Vorfeld des gerichtlichen Verfahrens ein fachgerechtes Leistungs- und Hilfsangebot zu machen und im nachfolgenden gerichtlichen Verfahren selbstständig zu prüfen, wie dort die Belange des Minderjährigen zur Geltung gebracht werden können. Auf diese Weise soll die bestmögliche Lösung im Sinne des Kindeswohls gefunden werden.

Mit der Mitwirkungspflicht des Jugendamts korrespondiert die Anhörungspflicht der Familien- und Vormundschaftsgerichte nach den §§ 49, 49a FGG: Danach sind die Familien- und Vormundschaftsgerichte verpflichtet, in allen Verfahren, die Minderjährige betreffen, das Jugendamt anzuhören, d. h. es rechtzeitig über bei ihnen anhängige Verfahren zu informieren und ihm die Möglichkeit zur Mitwirkung zu geben, wozu es dann nach eigenem, pflichtgemäßem Ermessen gem. § 50 SGB VIII angehalten ist. Durch diese Regelung stellt der Gesetzgeber sicher, dass die bei den Jugendämtern vorhandene Fachkompetenz bei familien- und vormundschaftsgerichtlichen Entscheidungen den Gerichten zur Verfügung steht.

Hinweis: § 50 Abs. 3 SGB VIII wurde durch das KICK aufgehoben.

Literatur

🕮 *Ensslen, C.:* Die Mitwirkung des Jugendamtes im familiengerichtlichen Verfahren, in: RsDE 39, 38 ff.;
🕮 *Erben, R./Schade, B.:* Position und Einfluss des Jugendamtes im familiengerichtlichen Verfahren, in: ZfJ 1994, 209 ff.;
🕮 *Willutzki, S.:* Familiengericht und Jugendamt, in: ZfJ 1994, 202 ff.;
🕮 *Verein für Kommunalwissenschaften (Hrsg.):* Jugendhilfe und Familiengerichte. Das Selbstverständnis der Jugendhilfe im gerichtlichen Verfahren, Berlin 1995.

IV. Die Führung von Beistandschaften, Pflegschaften und Vormundschaften (§§ 55-58 SGB VIII)

Das Jugendamt wird in den vom BGB vorgesehenen Fällen **Beistand, Amtspfleger oder Amtsvormund** (§ 55 Abs. 1 SGB VIII; lesen!). Wann dies der Fall ist und was darunter zu verstehen ist, verdeutlicht die nachfolgende Übersicht:

- **Beistandschaft** (§§ 1712-1718 BGB): ist vorgesehen für Minderjährige zur Vaterschaftsfeststellung und Geltendmachung ihrer Unterhaltsansprüche, wenn für sie nur ein Elternteil sorgeberechtigt ist;
- **gesetzliche Amtsvormundschaft** (§ 1751 Abs. 1 S. 2 und § 1791c BGB): vorgesehen für zur Adoption freigegebene Minderjährige sowie für nichteheliche minderjährige Kinder, die einen Vormund benötigen;
- **bestellte Amtspflegschaft** (§§ 1909, 1912, 1915 BGB): kommt für die Angelegenheiten Minderjähriger in Betracht, an deren Besorgung ihre Eltern oder ihr Vormund verhindert sind;
- **bestellte Amtsvormundschaft** (§ 1791 BGB): vorgesehen, wenn weder eine geeignete Einzelperson noch ein Verein zur Übernahme einer Vormundschaft vorhanden ist.

Das Jugendamt wird in den vorstehenden Fällen als Behörde Beistand, Pfleger oder Vormund und nicht dessen Träger (Kommune oder Landkreis). Gem. § 55 Abs. 2 S. 1 SGB VIII überträgt das Jugendamt die Ausübung der Aufgaben in den einzelnen Funktionen seinen Beamten oder Angestellten. Diese sind insoweit dann jeweils gesetzliche Vertreter des Minderjährigen (§ 55 Abs. 2 S. 3 SGB VIII).

Literatur

🕮 *Bienwald, W.:* Vormundschafts-, Pflegschafts- und Betreuungsrecht in der sozialen Arbeit, 3. Aufl., Heidelberg/Neuwied 1992;

🕮 *Hansbauer, P.:* Aktuelle Probleme in der Amtsvormundschaft und Amtspflegschaft und Perspektiven zu ihrer Überwindung, in: ZfJ 1998, 496 ff.;

🕮 *Salgo, L.:* Amtsvormundschaft/Amtspflegschaft – Verwaltung oder soziale Arbeit – Teil des Jugendamtes oder Fremdkörper?, in: Kreft/Münder 1991, 109 ff.

Dritter Teil: Einzelaspekte des Kinder- und Jugendhilferechts

In diesem Abschnitt werden abschließend wichtige Einzelaspekte des Kinder- und Jugendhilferechts dargestellt.

A. Datenschutz (§§ 61-68 SGB VIII)

Die in der Jugendhilfe tätigen Personen erhalten überwiegend sehr persönliche Daten von ihren Klienten, etwa über deren Beruf, Wohnsituation, Partnerbeziehungen, Einkommen, Schulden, Straftaten etc. Um den betroffenen Bürgerinnen und Bürgern zu gewährleisten, dass mit den von ihnen preisgegebenen höchstpersönlichen Angaben und Fakten sorgfältig umgegangen wird, greifen datenschutzrechtliche Bestimmungen ein.

Hinweis: Die umfangreichen datenschutzrechtlichen Bestimmungen können nachfolgend nur im Überblick dargestellt werden. Die datenschutzrechtlichen Bestimmungen des SGB VIII haben durch das KICK umfangreiche Änderungen erfahren, auf die im Einzelnen nicht eingegangen werden kann.

I. Allgemeine Grundsätze

Der Schutz persönlicher Daten hat Verfassungsrang. Ausgangspunkt ist das auf dem Persönlichkeitsrecht beruhende **informationelle Selbstbestimmungsrecht**, welches das Bundesverfassungsgericht in seinem *sog. „Volkszählungsurteil“* im Jahre 1983 (BVerfGE 61, 1 ff.) herausarbeitete. Es forderte für den hoheitlichen Umgang mit personenbezogenen Daten folgende Grundsätze, die in ihrer Umsetzung auch in der Kinder- und Jugendhilfe beachtet werden müssen:

- **Erforderlichkeitsgrundsatz:** Personenbezogene Daten dürfen nur dann erhoben werden, wenn sie zur Erfüllung der jeweiligen hoheitlichen Aufgabe erforderlich sind.
- **Transparenzgebot:** Die erhebende Stelle hat den Betroffenen darüber aufzuklären, was mit seinen Daten geschieht und zu welchem Zweck sie verwendet werden bzw. offenbart werden können.

- **Zweckbindungsprinzip:** Erhobene Daten dürfen nur zu dem Zweck verwendet werden, zu dem sie auch erhoben wurden. Das Zweckmäßigkeitsprinzip kann durchbrochen werden durch die Einwilligung des Betroffenen oder eine ausdrückliche gesetzliche Regelung.

II. Datenschutzbestimmungen (§ 35 SGB I; §§ 61-68 SGB VIII; §§ 67-85 SGB X)

Folgende gesetzlichen Bestimmungen sollen dem Datenschutz Rechnung tragen:

- das Bundesdatenschutzgesetz;
- § 35 SGB I;
- die §§ 61-68 SGB VIII und
- die §§ 67-85 SGB X.

§ 35 SGB I legt unter anderem Folgendes fest: Jeder hat Anspruch darauf, dass die ihn betreffenden Sozialdaten von den Leistungsträgern der Jugendhilfe nicht unbefugt erhoben, verarbeitet oder genutzt werden *(Sozialgeheimnis).* Sozialdaten sind gemäß § 67 Abs. 1 SGB X: „Einzelangaben über persönliche oder sachliche Verhältnisse einer bestimmten oder bestimmbaren Person".

Die Wahrung des Sozialgeheimnisses umfasst auch die Verpflichtung, innerhalb der Struktur Leistungsträgers sicherzustellen, dass die Sozialdaten nur Befugten zugänglich sind oder nur an diese weitergegeben werden. Beschäftigte des Jugendamts haben auch nach Beendigung ihrer Tätigkeit das Sozialgeheimnis zu wahren.

Der Datenschutz beginnt bereits mit der **Erhebung** von Daten (§ 67 Abs. 5 SGB X). Darunter ist das zeitlich vor der Speicherung liegende gezielte Beschaffen, Erheben, Ermitteln von Daten zu einem bestimmten Zweck, z. B. um eine konkrete Aufgabe nach dem SGB VIII zu erfüllen, zu verstehen.

Auch bei der **Datenverarbeitung** (§ 67 Abs. 6 SGB X) durch Speicherung, Veränderung, Übermitteln, Löschen und Sperren zum Zwecke der Erfüllung der konkreten Aufgabe ist der Datenschutz zu beachten. Besondere Bedeutung kommt dem Datenschutz bei der **Datennutzung** (§ 67 Abs. 7 SGB X) zu, d. h. der Verwendung der Sozialdaten zu dem Zweck, zu dem sie vorher erhoben und gespeichert wurden – auch die Weitergabe innerhalb der speichernden Stelle – soweit es sich nicht um Verarbeitung handelt (Zweckidentität).

§ 64 SGB VIII bestimmt, dass Sozialdaten nur zu dem Zweck genutzt oder an irgendwelche anderen Stellen übermittelt werden dürfen, zu dem sie erhoben wurden (Zweckbindungsprinzip; s. o.). Sollen die zu einem bestimmten Zweck erhobenen Daten anderweitig verwendet werden, ist das nur zulässig, wenn der Betroffene damit einverstanden ist. Das gilt nicht nur für andere Ämter, Behörden und Träger, sondern auch für Gerichte, sogar für andere Stellen desselben Trägers oder derselben Stellen sowie für andere Mitarbeiter derselben. Nach § 64 Abs. 2 SGB VIII wurde durch das KICK folgender Absatz 2a eingefügt: „Vor einer Übermittlung an eine Fachkraft, die der verantwortlichen Stelle nicht angehört, sind die Sozialdaten zu anonymisieren oder zu pseudonymisieren, soweit die Aufgabenerfüllung dies zulässt.".

Ein **Zeugnisverweigerungsrecht** steht dem Sozialarbeiter/der Sozialarbeiterin im Strafverfahren nicht zu. Ausnahmen gelten nur für Mitarbeiter einer Schwangerschaftsberatungsstelle (§ 53 Abs. 1 Nr. 3 a StPO) sowie einer Drogenberatungsstelle (§ 53 Abs. 1 Nr. 3 b StPO). Verbeamtete Sozialarbeiter und im öffentlichen Dienst tätige bedürfen der Aussagegenehmigung des Dienstherrn.

Literatur

🕮 *Busch, K.:* Der Schutz von Sozialdaten in der Jugendhilfe, §§ 61-68 SGB VIII, Stuttgart u. a. 1997;

🕮 *Papenheim, H.*: Zeugnisverweigerungsrecht für Sozialarbeiter und Sozialpädagogen, in: Lehmann 2000, 241 ff.

B. Die Zuständigkeit in der Jugendhilfe

Das Kinder- und Jugendhilferecht unterscheidet zwischen der **örtlichen** und der **sachlichen Zuständigkeit**.

I. Die örtliche Zuständigkeit

Die **örtliche Zuständigkeit** richtet sich nach den §§ 86 – 88 SGB VIII und ist insbesondere zur Abgrenzung der räumlichen Leistungsbereiche von Jugendämtern als Trägern der öffentlichen Jugendhilfe wichtig. Die Regelung der örtlichen Zuständigkeit ist kompliziert; in Zweifelsfällen bestehen zwischen den örtlichen Trägern diesbezüglich heftige Auffassungsabweichungen.

Bei den **Leistungen** knüpft die örtliche Zuständigkeit für Jugendhilfeleistungen grundsätzlich an **den gewöhnlichen Aufenthalt der Eltern** an (§ 86 Abs. 1 SGB VIII). Haben diese verschiedene Aufenthaltsorte, kommt es darauf an, wo der **personensorgeberechtigte Elternteil** seinen **gewöhnlichen Aufenthalt** hat.

Beispiel 57: Trennung, Scheidung.

Im Falle des gemeinsamen Sorgerechts beider Elternteile und fehlendem gemeinsamen gewöhnlichen Aufenthalt ist der Aufenthalt des Elternteils maßgebend, bei dem der Minderjährige vor Beginn der Jugendhilfeleistung seinen gewöhnlichen Aufenthalt hatte. Primärer Anknüpfungspunkt der örtlichen Zuständigkeit für Leistungen an **junge Volljährige** ist dessen **gewöhnlicher oder tatsächlicher Aufenthalt vor Beginn der Leistung**.

Für die **anderen Aufgaben** (§§ 42- 60 SGB VIII) enthalten die §§ 87 – 87 e SGB VIII jeweils entsprechend den einzelnen Aufgaben Regelungen für die örtliche Zuständigkeit.

II. Die sachliche Zuständigkeit

Nach § 85 Abs. 1 SGB VIII (lesen!) ist grundsätzlich der örtliche Träger und damit das Jugendamt für alle Aufgaben usw. des SGB VIII sachlich zuständig. Nur in den in § 85 Abs. 2 SGB VIII (lesen!) ausdrücklich geregelten Fällen verlagert sich die sachliche Zuständigkeit vom örtlichen Träger auf das **Landesjugendamt**. Die sachliche Zuständigkeit des überörtlichen Trägers umfasst ihrem Charakter nach überwiegend beratende, fördernde und planende Aufgaben sowie die Fortbildung der Mitarbeiter der öffentlichen wie auch der freien Jugendhilfe. Dem Landesjugendamt obliegt in diesem Zusammenhang die Verantwortung für den Ausbau der Fachlichkeit innerhalb der Jugendhilfe.

C. Kostenbeteiligung im Kinder- und Jugendhilferecht (§§ 90-97 a SGB VIII)

In den §§ 90-97 a SGB VIII ist geregelt, wer die **Kosten** bei erzieherischen Hilfen trägt: Die Kostenvorschriften sind sehr komplex und thematisch eher ein Randaspekt des Skriptes, so dass hier nur ein Überblick über die Änderungen der Regelungen (KICK) gegeben werden soll:

- Das Gesetz realisiert in stärkerem Umfang als bisher den Nachrang der Jugendhilfe mit einer an der wirtschaftlichen Leistungsfähigkeit der Eltern orientierten Gestaltung der Kostenbeteiligung, §§ 92-94 SGB VIII n. F.

- Das Kindergeld zählt bei der Berechnung des Einkommens gemäß § 93 SGB VIII n. F. mit und ist, sofern Leistungen über Tag und Nacht außerhalb des Elternhauses erbracht werden, dafür mindestens als Kostenbeitrag zu zahlen, § 94 Abs. 3 SGB VIII n. F.

- § 97c SGB VIII schafft einen Landesrechtsvorbehalt für die Erhebung von Gebühren und Auslagen.

Zur Vertiefung sei nochmals auf die am Anfang des Skripts (D. Überblick über das SGB VIII) genannte Synopse hingewiesen.

Einführung in das Familienrecht
Mit Beispielen und Schemata
für den leichten Einstieg
ISBN 978-3-86724-026-0
6,60 €

Einführung in das Schuldrecht (AT)
Mit Beispielen und Schemata
für den leichten Einstieg
ISBN 978-3-86724-021-5
6,60 €

Standardfälle Zivilrecht
Zur gezielten Vorbereitung auf die
ersten Klausuren im BGB

ISBN 978-3-86724-000-0
6,60 €

Standardfälle Öffentliches Recht
Zur gezielten Vorbereitung auf die
ersten Klausuren im Staatsrecht

- Staatsorganisationsrecht & Grundrechte -
ISBN 3-9806932-3-6
6,60 €

Basiswissen Staatsrecht I
Staatsorganisationsrecht in 150
Fragen und Antworten
ISBN 3-936733-00-7
6,60 €

Basiswissen Staatsrecht II
Die Grundrechte in 150
Fragen und Antworten
ISBN 3-936733-01-5
6,60 €

Einführung in das Verwaltungsrecht (AT) 1
Mit Beispielen und Schemata
für den leichten Einstieg
ISBN 3-936733-16-3
6,60 €

▶ Unsere Skripten, Karteikarten, Hörbücher

Zivilrecht (je Titel 6,60 €*)

Standardfälle für Anfänger
Standardfälle für Fortgeschrittene
Standardfälle Schuldrecht
Standardfälle Ges. Schuldverh. (§§ 677, 812, 823)
Standardfälle Sachenrecht
Standardfälle Familien- und Erbrecht
Originalklausuren Übung für Fortgeschrittene
Streitfragen Schuldrecht
Einführung in das Bürgerliche Recht
Schuldrecht (AT)
Schuldrecht (BT) 1 - §§ 437, 536, 634, 670 ff.
Schuldrecht (BT) 2 - §§ 812, 823, 765 ff.
Sachenrecht 1 – Bewegliche Sachen
Sachenrecht 2 – Unbewegliche Sachen
Familienrecht
Erbrecht
Definitionen für die Zivilrechtsklausur (7,90 €) 1)

Strafrecht (je Titel 6,60 €)

Standardfälle für Anfänger Bd. 1 (7,90 €) und Bd. 2
Standardfälle für Fortgeschrittene (8,90 €)
Strafrecht (AT)
Strafrecht (BT) 1 - Vermögensdelikte
Strafrecht (BT) 2 - Nichtvermögensdelikte
Definitionen für die Strafrechtsklausur 1)
Jugendstrafrecht/Strafvollzug/Kriminologie

Öffentl. Recht (je Titel 6,60 €*)

Standardfälle Staatsrecht I – VerfassungsR (7,90 €)
Standardfälle Staatsrecht II – Grundrechte (7,90 €)
Standardfälle Öffentliches Recht für Anfänger
Standardfälle Verwaltungsrecht für Fortgeschrittene
Basiswissen Staatsrecht I – Verfassungsrecht 1)
Basiswissen Staatsrecht II – Grundrechte 1)
Verwaltungsrecht (AT) 1 - VwVfG
Verwaltungsrecht (AT) 2 – VwGO
Standardfälle Verwaltungsrecht (AT)
Verwaltungsrecht (BT) 1 - POR
Verwaltungsrecht (BT) 2 – Baurecht
Verwaltungsrecht (BT) 3 – Umweltrecht
Standardfälle Baurecht
Staatshaftungsrecht
Grundriss Europarecht (7,90 €) 1)
Standardfälle Europarecht (7,90 €)
Definitionen Öffentliches Recht (7,90 €) 1)
Kinder- und Jugendhilferecht
Sozpäd. Diagn.: Ambulante Hilfen der Jugendhilfe

Steuerrecht (je Titel 6,60 €)

Abgabenordnung (AO)
Einkommensteuerrecht (EStG)
Umsatzsteuerrecht
Erbschaftsteuerrecht/Bewertungsrecht 2)
Steuerstrafrecht/Verfahren/Steuerhaftung

Grundlagen (je Titel 6,60 €*)

Wie gelingt meine BGB-Hausarbeit?
Einführung in die Rhetorik
500 Spezial-Tipps f. Juristen (10,90 €)
Ratgeber Assessment Center
Mitarbeiterführung 2)
Vernetztes Denken 2)
Selbstmanagement 2)
Mediation

Nebengebiete (je 6,60 €*)

Handelsrecht
Gesellschaftsrecht
Standardfälle Handels- & GesellschaftsR
Arbeitsrecht
Kollektives Arbeitsrecht (7,90 €)
Standardfälle Arbeitsrecht
ZPO I - Erkenntnisverfahren
ZPO II - Zwangsvollstreckung
Strafprozessordnung (StPO)
Internationales Privatrecht
Insolvenzrecht
Gewerbl. Rechtsschutz/Urheberrecht
Wettbewerbsrecht

Assessorexamen (je 6,60 €)

Die Relationstechnik
Der strafrechtliche Aktenvortrag
Der Aktenvortrag im Wahlfach Strafrecht
Der zivilrechtliche Aktenvortrag
Der öffentlich-rechtliche Aktenvortrag
Urteilsklausuren Zivilrecht
Anwaltsklausuren Zivilrecht
Staatsanwaltl. Sitzungsdienst & Plädoyer
Die strafrechtliche Assessorklausur
Assessorklausur Verwaltungsrecht Bd.1+2
Zwangsvollstreckungsklausuren
Vertragsgestaltung in der Anwaltsstation

BWL & VWL (je Titel 6,60 €)

Einführung in die Betriebswirtschaftslehre
Einführung in die Volkswirtschaftslehre
Ratg. „500 Spezial-Tipps für BWLer“
Rechnungswesen
Marketing
Organisationsgestaltung & -entwicklung
Internationales Management
Unternehmensführung
Wie gelingt meine wiss. Abschlussarbeit?
Ratgeber Assessment Center
Einführung in die Rhetorik
Mitarbeiterführung 2)
Vernetztes Denken 2)
Selbstmanagement 2)
Alle Preise freibleibend

* 6,60 Euro, soweit nicht ein anderer Preis in ( ) angegeben ist

1) Auch als **Hörbuch** (Audio-CD) lieferbar; 2) Titel, die in Vorbereitung sind

Alle lieferbaren Titel im Internet unter **www.niederle-media.de.**